シリーズ 権力者と仏教2

内田啓一

後醍醐天皇と密教

法藏館

後醍醐天皇と密教＊目次

後醍醐天皇と密教

はじめに

天皇と仏教

後醍醐《ごだいご》天皇《てんのう》ほど評価がさまざまに展開する天皇もいまい。よく知られているように、戦前において天皇を主体とした皇国史観《こうこくしかん》のなかでは武家から政権を奪い返した天皇親政の象徴として、また南朝《なんちょう》という呼び方ではなく、吉野朝《よしのちょう》の聖君として敬われたが、近年では「異形《いぎょう》の天皇」としての姿がクローズアップされ、破天荒な行動が注目されている(1)。鎌倉時代末期から南北朝時代にかけての戦乱をテーマとした軍記物語『太平記《たいへいき》』では、南北朝時代に永く続いた争乱の原因が北条高時《ほうじょうたかとき》と後醍醐天皇の双方にあると記されている。

一方、日本の歴史のなかで仏家《ぶっか》を篤く保護し、帰依《きえ》した天皇は数多く挙げることができる。天皇を退いた後に出家《しゅっけ》して、僧侶《そうりょ》の姿となる法体《ほったい》となり、仏事《ぶつじ》に参加した天皇の例はこれまた多い。まして皇族の出家となると、皇族や摂関家《せっかんけ》の子弟が仏門《ぶつもん》に入って住んだ寺院を門跡寺院《もんぜきじいん》と特別に称することからもわかるように、数え切れないくらい多いのである。

図1　後醍醐天皇像（廬山寺蔵）

奈良時代では大仏建立の聖武《しょうむ》天皇、西大寺《さいだいじ》と孝謙《こうけん》天皇、平安時代には空《くう》海《かい》と嵯峨《さが》天皇、仁和寺《にんなじ》と宇多《うだ》天皇、醍醐寺《だいごじ》と醍醐天皇、さらに花山《かざん》、鳥《と》羽《ば》、白河《しらかわ》、後白河《ごしらかわ》と篤く帰依したというよりもむしろ仏教界、またそれにまつわる美術など文化的な面で全体をあらゆるかたちでリードしてきたと言ってよいほどである。特に平安時代から鎌倉時代にかけての仏教にまつわる美術は宮廷との関係抜きには語れない。天皇の肖像画《しょうぞうが》でも出家した姿で、衣と袈裟《けさ》を着した法体像であらわされる例が多いこともそのことを物語っていよう。鎌倉時代に入っても後鳥羽《ごとば》や嵯峨、亀山《かめやま》、後《ご》宇多《うだ》、花園《はなぞの》の天皇たちは真言《しんごん》や天台《てんだい》、そして臨済禅《りんざいぜん》の僧に帰依し、寺院に寄進《きしん》を行った。臨済禅については亀山上皇《かめやまじょうこう》をはじめとした天皇や院によって興隆の基礎が築かれている。しかし、臨済禅に関しては、鎌倉時代に日本にもたらされた新たな宋風《そうふう》という新趣な気風に魅了されたという面もある。仏教は現代の我々が想像する以上に流行物《はやりもの》であり、斬新なモードであったのだ。しかし、根本にあったのは平安時代からの伝統的な比叡山延暦寺《ひえいざんえんりゃくじ》や三井寺《みいでら》、そして東寺《とうじ》や醍醐寺、仁和寺を主とした仏教であり、鎌倉時代の最後を飾るのが後醍醐天皇と密教である。

平安時代には当然ながら真言・天台に帰依した天皇が多い。鎌倉時代に新たに起こった宗派として浄土宗《じょうどしゅう》や浄土真宗《じょうどしんしゅう》、時宗《じしゅう》、さらに法華宗《ほっけしゅう》などがあり、日本史の教科書的に言えば、民衆の心をとらえたということになる。だが、それぞれの祖師がたどりついた教義の完成度という点はともかくとして、教団勢力や経済的基盤といった点から言えば、まだまだ興隆したというわけではない。ましてや公家や天皇の帰依という段となると、はなしはまた別である。

両統迭立と後醍醐天皇

後醍醐天皇（図1）は後宇多天皇の第二皇子として正応《しょうおう》元年（一二八八）に生まれた。

この時期は天皇家の分裂という、今までにない流れが生じていた時期でもあった。

よく知られているように、承久三年（一二二一）、後鳥羽上皇によって承久《じょうきゅう》の乱が起こった。政権を京都に戻そうとした倒幕《とうばく》のための挙兵《きょへい》であったが、あっけなく破れ、結果として後鳥羽上皇は都からはるか遠く隠岐《おき》に流刑《るけい》となったのであった。ことはそれだけではすまされず、天皇の即位に関して幕府の介入という前代未聞の事例が生まれたのである。乱の後、幕府の安泰《あんたい》のために安全な皇子を天皇とすることが求められたのだった。

ついで、幕府の介入があったのが、後嵯峨天皇の皇子の後深草天皇と亀山天皇が対立した、いわゆる両統迭立《りょうとうてつりつ》の時である。後嵯峨天皇は皇子の後深草《ごふかくさ》天皇に譲位《じょうい》したが、やがて後深草の弟・亀山天皇に譲位することを要請し、後深草天皇が退いて持明院《じみょういん》に入った。そして亀山天皇の時代となるが、次が問題で、亀山天皇は自らの皇子の後宇多に譲位したのであった。これでは兄の面目はない。このような兄弟間の対立について、両統迭立という交互に天皇となることを幕府が解決策として提案したのであった。ここで天皇家に持明院統と大覚寺統《だいかくじとう》の二つの流れが生まれたのである。しかし、交代といっても明確な基準もなく、花園天皇の時に後宇多院、そして幕府との話し合いがもたれた文保《ぶんぽう》の和議《わぎ》が行われた。その内容は持明院統の花園天皇は譲位し、大覚寺統の後醍醐天皇が即位、在位十年で譲位することだったが、皇太子《こうたいし》として立太子《りったいし》するのは、大覚寺統の後二条院《ごにじょういん》の皇子というこれ

天皇系図（生没年・在位）

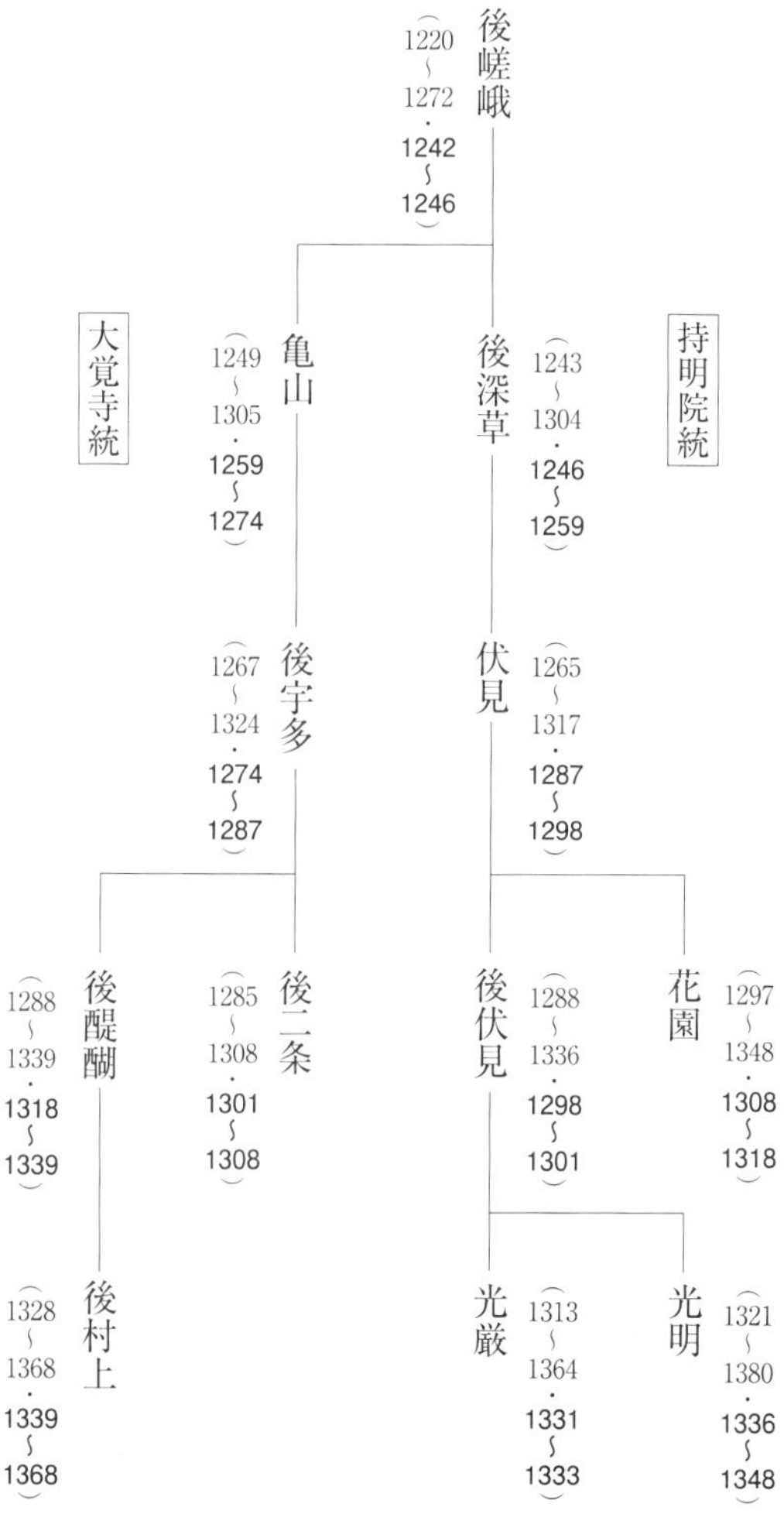
後嵯峨
（1220〜1272・1242〜1246）
持明院統
大覚寺統
後深草
（1243〜1304・1246〜1259）
亀山
（1249〜1305・1259〜1274）
伏見
（1265〜1317・1287〜1298）
後宇多
（1267〜1324・1274〜1287）
花園
（1297〜1348・1308〜1318）
後伏見
（1288〜1336・1298〜1301）
後二条
（1285〜1308・1301〜1308）
後醍醐
（1288〜1339・1318〜1339）
光明
（1321〜1380・1336〜1348）
光厳
（1313〜1364・1331〜1333）
後村上
（1328〜1368・1339〜1368）

また変則的なものだった。交代といいながらも自らの血統を重視するものだった。

このようなそれぞれの主張が強い時期に後醍醐天皇は即位したのである（天皇系図参照）。後醍醐天皇については、「南北朝《なんぼくちょう》の動乱《どうらん》」「建武親政」「王権」「異形」などの言葉をキーワードに多くの出版物や論考がある。(2) すでに述べたように両統の皇位継承にまつわることや、新たに登場してきた足利尊氏《あしかがたかうじ》との確執、さらに当時には悪党と称された楠正成《くすのきまさしげ》等との関係、そして南朝の成立と政治史や軍事史的な面など多方面から数々と論じられている。しかし、政権を奪うために戦ったのは武家であり、皇家や公家でも武装し戦闘に参加、あるいは命を落とした者も多かったが、後醍醐天皇はまったくもってその上の人である。建武親政当初には窪所《くぼどころ》（侍所《さむらいどころ》）や記録所《きろくじょ》など執務の刷新をはかったとしばしば指摘されているが、その後は機能していなかったようである。また、吉野《よしの》に移ってからの後醍醐天皇については資料の制約もあるため、論ぜられることも少ない。その後は政治という「政《まつりごと》」よりも、儀礼的あるいは密教的な「政」に重きを置いていたようにも思える。本書では「権力者と仏教」を基本テーマとして後醍醐天皇と仏教、特に密教をキーワードとして焦点を当ててみた。密教に傾倒したことで知られる後醍醐天皇であるが、密教との関係があまり見えてこないとの声も聞かれることもある。(3)

天皇と密教

後醍醐天皇は密教に熱烈に帰依した。いやむしろ密教に依存していたと言ってよいほどだ。現職の天皇という治天《ちてん》の君《きみ》にありながら、密教のさまざまな灌頂を受けて、しかも自らは出家をしていない俗体のまま修法《すほう》を行じている。俗体は法体に対する言葉で、世俗の身であることを意味し、本書でもしばしば用いる。

灌頂《かんじょう》はもともとはインドの国王が即位する時に、頭に水を灌《そそ》いだ儀式であった。が、後に仏教に取り入れられて師匠から弟子に仏法の奥義《おうぎ》を伝授《でんじゅ》することを灌頂と呼ぶようになったものである。修法はいわゆる加持祈禱《かじきとう》で、マジカルなパワーで自らの願いをかなえようとするものである。

灌頂は密教において入門や法を伝える重要な儀式であり、修法は密教を実践する大切かつ中心的な行為である。修法ではさまざまな曼荼羅《まんだら》が本尊《ほんぞん》として堂に懸《か》けられ、また、護《ご》摩《ま》が焚《た》かれる。したがって灌頂と修法は密教にとって重要であり、また、密教そのものであったのである。

この時期の天皇や院は持明院統でも大覚寺統でもみな、密教に深く帰依している。後に臨済禅に帰依し、ほとんど禅僧のようになった花園院なども日記『花園宸記《はなぞのしんき》』から数々の密教に関することがらをみることができる。

後醍醐天皇の父・後宇多院の密教に対する熱狂ぶりもはなはだしいことで有名である。それでも出家しており、法体の身になってから修法やその修法手順や加持祈禱のための呪文（真言陀羅尼《しんごんだらに》）を解説した密教事相書《じそうしょ》の書写を行ったのである。しかし、後醍醐天皇は出家しないままの俗体で修法を行った、否、行えたのは後醍醐天皇くらいであろう。しかも、最後まで出家しなかった。仏教の言葉を借りれば、現世に執着しているのである。

平安時代から天皇や院が灌頂を受けた事例も少なくない。しかし、灌頂にもまず初歩的な結縁《けちえん》灌頂から法の伝授である伝法《でんぽう》灌頂などがある。また、灌頂を受けた弟子がその法《ほう》脈《みゃく》の正統とみなされ、もっとも秘密とすべき印信を伝授される最終的な場合など密教の灌頂にもいろいろ種類や段階がある。結縁灌頂は俗人でも受けるが、伝法灌頂となると出家した僧だけが受けることが大原則であった。しかし、後醍醐天皇は実にさまざまな灌頂を多くの阿闍梨《あじゃり》から受けているのである。灌頂を受けるということは密教の法を正しく受けるということであるが、阿闍梨と称される僧侶の弟子になることも意味する。受けようとするのは弟子であり、弟子が密教の法脈という流れに入りたいから受けるのであり、さらに言えば、密教の教えや加持祈禱の実践方法を知りたいから受けるのである。強く望まなければ灌頂は受けない。

ここでは密教に傾倒した姿のみに焦点を当ててみた。したがってやや偏った後醍醐天皇像を描くかもしれない。さまざまな書物で後醍醐天皇は密教に篤く帰依したと書かれることはあっても、どのように帰依したのか具体的に描いたものは少ない。これほどまでに密教好きであるのに不思議なくらいである。なお、密教には比叡山を中心とした台密《たいみつ》と、東寺や醍醐寺、仁和寺を中心とした東密《とうみつ》があるが、本書では主に東密との関係を述べるに留まった。

密教美術と後醍醐天皇——本書の特徴——

もとより筆者は歴史学でも仏教学を専攻とする者でもなく、日本美術史の学徒であるので、美術作品関係をも取り上げるが、時代と美術、すなわちモノは不可分の関係にあると考えている。というのも、モノは嘘をつかないからである。日記や物語、そして文書《もんじょ》は必ずや記した人の主観や立場・評価が反映し、また、そこから現代の我々はできるだけ客観的な立場で歴史を導かねばならない。ところが美術のモノは制作された事実とその背景を如実に物語っている。そこにあるモノから導きだせるものもある。

もちろん造作物はあくまでも作り物であり、絵画については「絵空事《えそらごと》」とも言われるように、その内容や表現はその時代の理想的な描き方であらわされており、さまざまな顔をみせる。また、作者によって作品に出来、不出来の問題もある。しかし、制作された背景にはその時代の特徴や制作者、また制作を依頼した人の思想や指向が反映されているのである。

密教は平安時代に空海が日本に新たにもたらした仏教のひとつである。それまでの日本の仏教にはなかった曼荼羅や大日如来《だいにちにょらい》、そして不動明王《ふどうみょうおう》などが登場し、平安時代初期の日本を騒がせたことは想像にかたくない。空海は平安京《へいあんきょう》の南を固める東寺を鎮護国家《ちんごこっか》の道場として賜り、修行の場として高野山《こうやさん》を開いたこともよく知られている。また、天台でも円《えん》仁《にん》、円珍《えんちん》が相次いで唐《とう》に渡り、密教を学び空海が持ち帰らなかった経典《きょうてん》や儀軌《ぎき》、図像《ずぞう》をも請来《しょうらい》した。平安時代から鎌倉時代を通じてもっとも隆盛したのが密教であり、数多く制作されたのが密教美術である[4]。

ところが、後醍醐天皇が生きた鎌倉時代末期から南北朝時代にかけての美術史的な顔といえば、多様な作例をみせはじめた大和絵《やまとえ》であり、宋《そう》や元《げん》から入りはじめた水墨画《すいぼくが》である。それは新しい展開をみせたものとして注目されるからである。しかし、仏教的に勢力を誇っていたのは依然として密教であり、制作された作例数からいえば、密教美術が圧倒的に多い。後醍醐天皇の場合はやや形式的な面もあるが、当然ながら密教美術とも深い関係にある。

中世密教のなかの王

後醍醐天皇のことについて語る時にしばしば用いられる書に『太平記』がある。軍記物語として『平家物語《へいけものがたり》』と並び称される書であることはよく知られている。しかし、やはりあくまでも物語であり、残念ながら筆者にそれがどこまでフィクションなのか、またノンフィクションなのか判断する力がない。「『太平記』は史学に益なし」という有名な言葉があるが、「益なし」とまでは思わないまでも、どこまで信じてよいかわからないのである。したがって、本書ではできるだけ後醍醐天皇に関係して残されたモノによって語ることにした。美術品が登場するのもそのためである。

先に述べたように『太平記』では南北朝時代にながく続いた争乱の原因が後醍醐天皇にあるように記され、また、現代でもそのように評価される場合もある。しかし、鎌倉時代の武家政権《ぶけせいけん》が約百五十年続き、後醍醐天皇の親政といっても、形式的にはそうであっても、もはやその実質的な治世、つまり土地管理や訴訟の受理等のノウハウは後醍醐天皇にはないようにも思われる。すでに天皇は文治を専門としているのであり、管弦《かんげん》に秀で、密教に傾倒している姿をみると、極端かもしれないが、もはや実務は放棄しているようにも思えるのである。最後まで天皇でありつづけた後醍醐天皇であるが、密教界における王権の地位を目指していたかのようである。

なお、密教といっても、空海が日本にもたらした当初の密教とは少々異なり、徐々に姿を変えていった。仏教全体がそうであるが、日本の環境のなかで次第に和様化《わようか》していくのが常である。唐から請来され、少しずつ変容していった密教だが、まさしく鎌倉時代の末期、日本化した中世の密教のなかに生きたのが後醍醐天皇である。

では、その日本の中世密教のなかに後醍醐天皇がどのように没頭し、どのように生きていったかをみてみよう。

註

（1）網野善彦『異形の王権』（平凡社、一九八六年）。やはりなんといってもこの書が鎌倉から南北朝時代の概念に与えた影響は大きい。

（2）以下、近年の主要参考書を列挙する。

一　南北朝時代について

『南北朝内乱と室町幕府』（上）（下）（山川出版社、一九九六年）。

伊藤喜良『南北朝動乱と王権』（教養の日本史、東京堂出版社、一九九七年）。

伊藤喜良『後醍醐天皇と建武政権』（新日本新書、新日本出版社、一九九九年）。

森茂暁『建武政権――後醍醐天皇の時代――』（教育社歴史親書、教育社、一九八〇年）。

森茂暁『皇子たちの南北朝　後醍醐天皇の分身』（中央公論社、一九八八年）。

森茂暁『後醍醐天皇　南北朝動乱を彩った覇王』中公新書一五二一（中央公論新社、二〇〇〇年）。

森茂暁『南朝全史　大覚寺統から後南朝へ』（講談社、二〇〇五年）。

新田一郎『太平記の時代』日本の歴史11（講談社、二〇〇一年）。

村井章介『南北朝の動乱』日本の時代史10（吉川弘文館、二〇〇三年）。

佐藤和彦・樋口州男編『後醍醐天皇のすべて』（新人物往来社、二〇〇四年）。

二　『太平記』について

岡見正雄校注『太平記』（二）巻十二補注（角川書店、一九八二年）。

森茂暁『太平記の群像　軍記物語の虚構と真実』（角川書店、一九九一年）。

松尾剛次『太平記――鎮魂と救済の史書――』（中央公論新社、二〇〇一年）。

長谷川端編著『論集　太平記の時代』（新典社、二〇〇四年）

（3）桜井好朗『儀礼国家の解体』（吉川弘文館、一九九六年）。
（4）内田啓一監修『密教の美術　修法成就にこたえる仏たち』（東京美術、二〇〇八年）。

第一章　後醍醐天皇と密教の関わりはじめ

1　父・後宇多院

後宇多院と密教

後醍醐天皇と密教を語る前に父・後宇多院《ごうだいん》（図2）の密教好きを確認しておかなければならない。

弘安《こうあん》十年（一二八七）、大覚寺統《だいかくじとう》の後宇多天皇（一二六七〜一三二四）は持明院統《じみょういんとう》の伏見天皇に譲位した。この後、正安《しょうあん》三年（一三〇一）から延慶《えんきょう》元年（一三〇八）まで院政《いんせい》を行うが、前年の徳治《とくじ》二年（一三〇七）に仁和寺《にんなじ》禅助《ぜんじょ》を戒師《かいし》として出家した。戒師とは出家の時に必要な戒律を授ける導師《どうし》であり、まず第一の師匠である。後宇多院が出家した理由は最愛の后、遊義門院《ゆうぎもんいん》に先立たれ、失意のなかにあったためとされている。ところが、出家以前からも密教に対する関心は高く、もとより後宇多天皇は、弘安四年元寇《げんこう》の折りには自ら金剛界《こんごうかい》と胎蔵《たいぞう》の両部大法を学んだというほど修法《すほう》が好きであった。しかし、出家した頃

図2　後宇多院像（大覚寺蔵）

からそれが甚だしくなっていくとされている。後宇多天皇と密教については多くの論考があり、藤井雅子氏の『醍醐寺と密教』に詳しく[1]、また、真木隆行氏の論考も参考になる[2]。

さて、密教の流れ、つまり法脈《ほうみゃく》には真言系の東密《とうみつ》、天台系の台密《たいみつ》の二大流がある。東密は東寺の密教の略称で、仁和寺を中心とした広沢流《ひろさわりゅう》、醍醐寺《だいごじ》・勧修寺《かじゅうじ》を中心とした小野流《おのりゅう》である。東寺はその統合というか、二流の総体というか、それぞれから選ばれた僧が東寺の最高職である長者《ちょうじゃ》に補任《ぶにん》されていた。とにかく、この東密の二つの流れがさらに分派して六流となり、小野の「野」、広沢の「沢」をとって野沢《やたく》十二流と称され、さらに分かれて三十六流ともなった。それぞれの流派で作法が多少異なったり、加持祈禱《かじきとう》の進行手順を記した修法次第などに差異があったのである。また、ある流派では得意とする修法があり、ある流派ではまったく修することがないなど、同じ密教の流れでも微妙に違っていたのである。これは茶道でも千利休《せんのりきゅう》を祖としながら裏千家《うらせんけ》と表千家《おもてせんけ》があって作法が異なるように、流れというものは時とともに分派していくのが常のようである。

密教の場合は阿闍梨《あじゃり》から弟子に秘密裏の内に法の伝授《でんじゅ》があり、それを灌頂《かんじょう》という。灌頂にも師となる阿闍梨や仏菩薩《ぶつぼさつ》と縁を結ぶ結縁《けちえん》灌頂があり、これがもっとも初歩的な灌頂である。さらに一歩進んで法脈の重要事を学ぶ許可《こか》灌頂、法を伝える伝法《でんぽう》灌頂、さらに弟子と認めた証として渡す印可状《いんかじょう》の伝授などがある。灌頂がすむと、紙に記された秘伝書以外に、口伝《くでん》といって、師の口から伝えられた秘密の印《いん》や真言《しんごん》（梵字で記された呪文）が重視され、また、文字で伝えられるとしても折紙《おりがみ》といったメモ書き程度のものが大切にされた。これらは大同小異なのであるが、それでもほかの流派のことはあまりよくわからないような状況も生まれたのである。

一方で、修法の手順をまとめた事相書《じそうしょ》といわれる修法の集大成本なども編集されるようになった。しかし、その事相書もなんらかの機会や許しがなければ閲覧することもできず、また、同じ複製本を手元に置くために一語一句間違えないように筆で写していく書写も行うことができない。いずれにしても阿闍梨のもとに参じて学習しなければならなかったのである。

本来、密教では写瓶《しゃびょう》といって、瓶に一滴一滴ずつ水を移すように大切に法を伝えることが重んじられ、阿闍梨一人に弟子一人との関係が原則としてあったようであるが、それもくずれ、一人の阿闍梨に何人もの弟子が法を伝授される付法者《ふほうしゃ》となるようになる。平安時代末期にはそれでも数人であったのが、鎌倉時代ともなると十人近く、多い場合は数十人もの付法者となる。逆に法を求める僧侶側からすれば、複数人の阿闍梨に灌頂を受けるケースも生じるわけである。しかし、究極の付法者は一人という原則もかたく護られていたようである。

後宇多院の場合も何人もの阿闍梨から灌頂を受けている。灌頂を受けて、その流派の印《いん》信《じん》と称される秘密の印や真言を伝授されるのである。後宇多院が受けたのは、広沢流では禅助、小野流では憲淳《けんじゅん》がその代表的な阿闍梨であった。

仁和寺禅助

禅助《ぜんじょ》（一二四七〜一三三〇）は洞院《とういん》通成の子で、仁和寺真光院《しんこういん》の僧となり、永仁《えいにん》元年（一二九三）には大僧正《だいそうじょう》となった高僧である。翌年には東寺長者ともなった。徳治《とくじ》二年（一三〇七）七月二十六日、後宇多院出家の戒師となった僧であることでも知られる。ゆえに真光院国師《こくし》もしくは禅助国師と称された。国師はいわずもがな後宇多院の戒師や伝法灌頂の阿闍梨となったからである。

図3　仁和寺（金堂）

仁和寺（図3）は平安時代、仁和二年（八八六）光孝《こうこう》天皇の勅命《ちょくめい》によって創建された寺院であるが、翌年に天皇は没し、同四年、次の宇多天皇の時に金堂《こんどう》が完成した。天皇は醍醐天皇に譲位《じょうい》すると、昌泰《しょうたい》二年（八九九）、仁和寺の僧・益信《やくしん》にしたがい出家し、僧名（法諱《ほうい》）を金剛覚《こんごうかく》とした。宇多法皇は密教への帰依が極めて深く、延喜《えんぎ》元年（九〇一）には御座所《ござしょ》を構えた。以来、仁和寺は御室《おむろ》と称されるようになる。「室」は部屋であり、「御室」はその尊称である。これ以降、諸院が建立、整備され、また、皇室関係者が出家し、密教僧として住んだ寺院として知られる。

宇多天皇の親政は寛平《かんぴょう》の治《ち》と称される評価の高いものであった。後宇多天皇が自らをこう称したのもこの宇多天皇にあやかってである。それに倣うところがあったと思われるが、仁和寺の禅助によって出家する点も宇多上皇と益信の関係をたどったかのようである。この時期の天皇には後嵯峨、後二条など、「後〜」と平安時代の天皇になぞらえた名が多いのも特徴である。後宇多院は出家して金剛乗《こんごうじょう》と称したが、これも宇多院が金剛覚と称した名前にちなんだものだろう。徳治三年正月五日に石清水八幡《いわしみずはちまん》に参詣《さんけい》し、帰りに東寺に参籠《さんろう》した。そして二十六日に後宇多院は東寺灌頂堂にて禅助より伝法灌頂を受けたのであった。仁和寺の禅助より東寺の灌頂堂にて伝法灌頂を受けたという点が重要である。

二十六日には『東寺興隆条々事書幷添状案《とうじこうりゅうじょうじょうのことがきならびにそえじょうあん》』を記した。その内容は東寺に学問を専門とする僧五十人を住まわせることや生活するための僧坊《そうぼう》を建立《こんりゅう》することなど、東寺の興隆を願うもので、その後に東寺が繁栄していく方向性を決定づけるものになったとされている。(3)

さて、後宇多院の法脈を記すと次のようになる。

守覚――道法――道助――道深――法助――性仁――禅助――成助
　　　　　　　　　　　　　　　　　　　　　　　　└後宇多――性円

ここで、平安時代末期から鎌倉時代初期にかけて活躍した守覚《しゅかく》を最初に記したのは、仁和寺中興《ちゅうこう》の祖と称されるのが後白河天皇の息・守覚法親王だからである。この流れを尊称して仁和寺御流《ごりゅう》、単に御流とも称されるが、密教事相において小野流の流れをも取り入れ、広沢流を一層発展させたのであった。

この御流は天皇の息が仁和寺にて出家して形成された法流である。禅助の兄弟弟子に後深草天皇の息である性仁《しょうにん》がおり、仁和寺の正統的な法脈を受け継いだが、弟子も育たないうちに重病に冒された。急遽、禅助に御流を伝授することになった。仁和寺における正統中の正統である御流の法脈を天皇家以外の僧が受け継ぐことになったのである。もうひとつ興味深い点は、それまでの御流のほとんどが持明院統出身の僧であったことである。大法・秘法を修することのできる仁和寺の地位を持明院統が握っていることは後宇多院にとって、不都合であったことは容易に想像がつく。禅助に御流が伝わり、それを後宇多院が灌頂を受けることによって、手中に納めることが必定であったのである。

後宇多院は禅助に全面的な信頼を置き、後に東寺における新たな要職である「東寺座《ざ》主《す》」に補任している。東寺長者を超えた真言密教の頂点という位置づけの地位であった。このようにして後宇多院は広沢流を手中にしたのであった。

醍醐寺報恩院流憲淳

醍醐寺報恩院《ほうおんいん》は寛喜《かんぎ》三年（一二三一）、鎌倉初期の醍醐寺の学匠《がくしょう》である三宝院流成賢《さんぼういんりゅうせいけん》が建立し、はじめ極楽坊《ごくらくぼう》と称したが、建長《けんちょう》五年（一二五三）に報恩院と改めた寺院である。

醍醐寺（図4）は上醍醐《かみだいご》と下醍醐《しもだいご》の二つの伽藍《がらん》からなりたつ。その草創《そうそう》は聖宝《しょうぼう》が貞観《じょうがん》十六年（八七四）に准胝観音《じゅんていかんのん》と如意輪《にょいりん》観音を上醍醐（笠取山）に安置《あんち》したことにはじまり、次々に伽藍が整備された。そして約半世紀後に醍醐天皇によって下醍醐も整備されはじめた。下醍醐における伽藍の造営《ぞうえい》は急ピッチで進み、上下の醍醐の景観がそろうようになった。さらに十二世紀になって三宝院が建立されると、密教の教学と実践的な修法を行う事相の中心となっていった。そのなかからさらに金剛王院流《こんごうおういんりゅう》、報恩院流、地蔵院流《じぞういんりゅう》などの流派が形成されていったのである。

このような流れで、報恩院流は三宝院流成賢の資であった憲深《けんじん》にはじまり、実深《じっしん》―覚雅《かくが》―憲淳《けんじゅん》と続く。憲深も成賢と同様に学匠の名が高い。

図4　醍醐寺（五重塔）

ここに醍醐寺流の血脈《けちみゃく》の概略を記すと次頁のようになる。

憲淳（一二五八～一三〇八）は粟田《あわた》口良教《ぐちよしのり》の子で、後には国師僧正とも称された。というのは後宇多天皇（一二七四年即位）の侍童として仕え、後に徳治三年（一三〇八）四月十四日、後宇多院に伝

醍醐寺血脈図

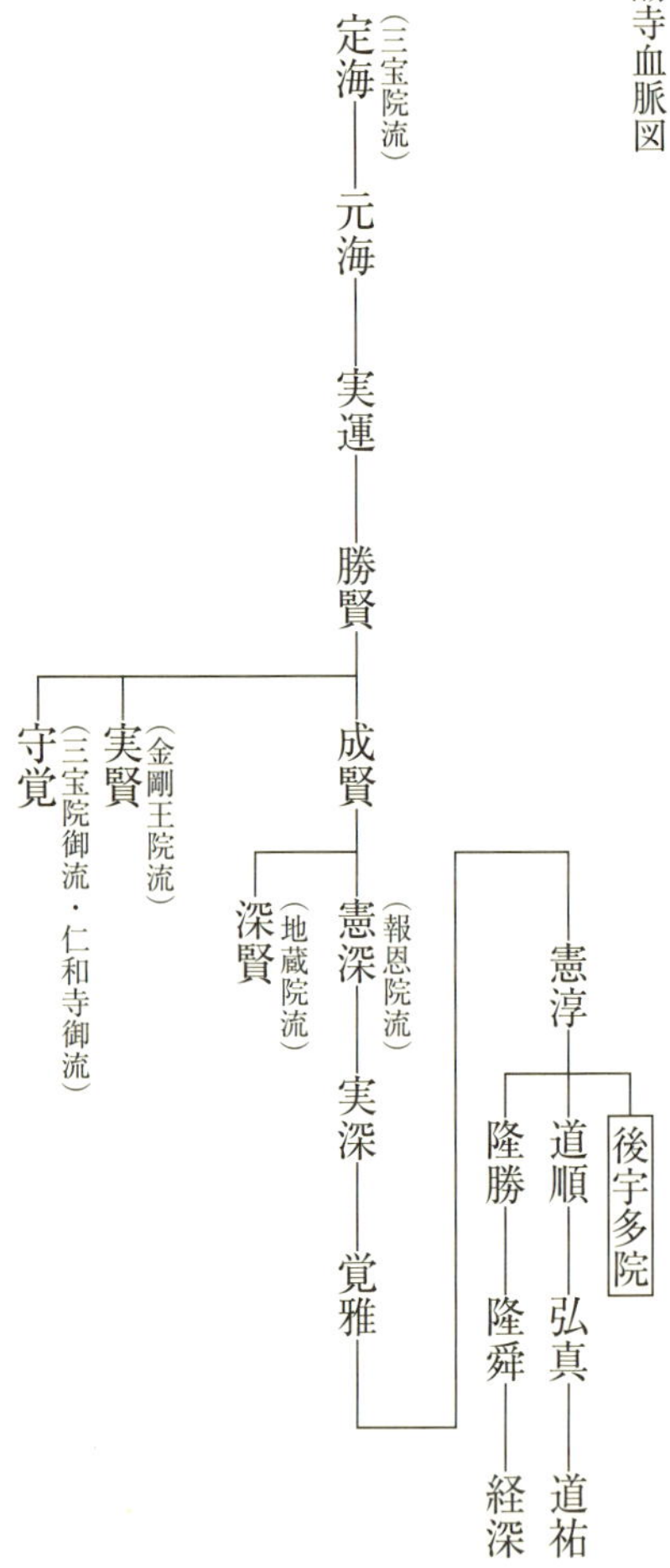

法灌頂を授け、付法《ふほう》者としているからである。つまり院の師という意から称されたものである。禅助が禅助国師と称されたのとまったく同じ理由である。

その憲淳と後宇多院の灌頂だが、『醍醐寺新要録《だいごじしんようろく》』巻第十二「報恩院」には、

一　憲淳　後宇多院に附法状をすすめ奉る事

言上　条々の事

一　御附法の事　右徳治三年四月十四日　具支の道儀を整え、両部灌頂おわんぬ。宗の大事はすべからく命を期するといえども、正しく上々信解《しんげ》の宸襟《しんきん》を察したてまつり、早く嫡々《ちゃくちゃく》相承の秘奥《ひおう》を授けたてまつりおわんぬ。（中略）本より輪王《りんのう》の職位を備え、よろしく法流の正統を仰《あお》ぎたてまつるものなり。

とあり、この時の灌頂について、もとより輪王の職位が備わっているとして絶大なる評価がされている。輪王は仏教に説かれる王として最高位を示す言葉で、この上ない賛辞である。

ここでの灌頂が結縁灌頂か伝法灌頂か解釈が異なる場合がある。それは出家前に伝法灌頂を受けたのかそうでないかで、受けたのならば、俗体にて法の伝授となるのである。俗体であるならば、後述するが、初めての例であり、後醍醐天皇の先例となるのである。さらに、この時以外にも金剛王院流からも法の伝授があったとされており、後宇多院の密教に対する異常な関心がみられるのである。

道順と隆勝

さて、ここで注目すべきは後宇多院と同じく憲淳から付法を受けた道順《どうじゅん》と隆勝《りゅうしょう》である。

それは、どちらが正しい法脈を受け継いだ者であるかという正嫡《せいちゃく》を争ったからである。正嫡を争うことは小野流のなかで、平安時代後期の僧である義範《ぎはん》と範俊《はんじゅん》に相伝《そうでん》をめぐって争論があった先例があり、法脈のなかではたまに起こりうることである。最秘の印信類をすべて相承《そうじょう》したものが正統なのであるが、当事者にとっては自らがあくまでも正統であり、結果的に弟子たちが代々続いたほうが正統になる場合がある。

道順（?～一三二一）は六条通能の息で、永仁五年（一二九七）八月、報恩院憲淳に印可を受け、翌年には伝法灌頂を受けた。同門の隆勝（一二六四～一三一四）は憲淳に永仁五年二月に具支灌頂を受け、隆勝と道順が相次ぎ憲淳の弟子となっており、いわば兄弟弟子なのである。この二人のなかでは隆勝が法流における秘密の宝蔵《ほうぞう》をすべて伝授したといわれる。憲淳は隆勝に正嫡として法流を与え相承させるための印可と付法状を永仁五年二月一日に作成しており、確かに報恩院流の正嫡は隆勝なのである。

ところが、醍醐山光明心院《こうみょうしんいん》の律師・弘鑁《こうばん》（一三六二～一四二六）の撰『弘鑁口説《くぜつ》』（『続群《ぞくぐん》書類従《しょるいじゅう》』）を参考としてみてみると、

一報恩院憲深。覚雅。憲淳後宇多院御師範ナリ。道順。道祐《どうゆう》。隆舜《りゅうしゅん》。隆深《りゅうしん》ナリ。

とあり、憲淳の次に道順となっている場合もあり、混乱もみられるのである。

ところで、系図でみられるように、もう一人の弟子が後宇多院であった。『弘鑁口説』では、この後に、

然《しかる》ニ後宇多院ハ憲淳ノ御弟子ナリ。殊《こと》ニ付法ノ御望《おのぞ》ミアリ。終《つい》ニ聖教《しょうぎょう》等ヲ御請取《おうけとり》タマフ。シカリトイヘドモ憲深ノ遺言ニハ。聖教ヲ御覧ノ砌《みぎ》リハ臨幸有リテ御覧有ルベシ。醍醐ヲ召出スベカラズト仰セラル。然間《しかるま》道順僧正ノ時迄ハ相違無キナリ。既《すで》ニ道順逝去《せいきょ》ノ後。大覚寺殿召サレケリ。


とあり、後宇多院は憲淳の弟子であり、後宇多院が付法を強く望み、ついに聖教類をも受け取ったという。

しかし、報恩院流祖の憲深の遺言として報恩院流の聖教が閲覧される時は後宇多院が来なければならないこと、そして醍醐から外には出してはならない、と言ったという。後宇多院が確実に報恩院の聖教類を求めることが想定されていたのであり、それほどに後宇多院が望んだ聖教類であるので外に流出される危惧感があったのだろう。

徳治三年（一三〇八）、憲淳没後、後宇多院は院宣を発してまで報恩院の秘伝の書であ

る聖教を求めた。しかし、隆勝は憲淳の遺言を守り、後宇多院の要求を断り、やむなく一時、鎌倉に下り、武家である北条貞時《ほうじょうさだとき》を頼ったのであった。そして伊豆・走湯山般若院別当《そうとうさんはんにゃいんべっとう》となり、報恩院の事相書やその他の道具類を納めたのであった。後宇多院による強い要求によって、結果このようなごたごたが生じたのであるが、走湯院へと持ち込まれた報恩院流の道具類は隆勝の付法である隆舜によって後に醍醐の元に返却されたという。

しかし、また、このようにして守られた報恩院の聖教だったが、元亨《げんこう》元年（一三二一）の道順没後になって、大覚寺にいる後宇多院による引き続き発せられた要望によって、そのもとに流れてしまったものも一部あるという。

ここまでしつこく報恩院の聖教を求めるような後宇多院の姿勢は、広沢・小野の二大法流の聖教を自らの手中に納めたいと思ったからである。まさしく密教を極めたいと望んだ強い気持ちなのである。それを「法流の一揆」と称する研究者もいる。さきに真言法脈の流れは野沢十二流、さらに分派して三十六流ともなったと述べたが、それらを統合する意図が後宇多院にあったともされる。そして、その統合には絶対的な祖師である空海が必要であったと思われる。高祖空海を熱烈に思慕し、顕彰することで、真言法脈の頂点に立たんとしていたのである。それが後宇多院が確立した大覚寺流なのであった。

さて、後宇多法皇はことのほか道順に帰依し、また、かわいがっている。永村眞氏によると、報恩院は鎌倉幕府の安泰《あんたい》を祈る「関東護持《ごじ》」の院家《いんけ》であり、憲淳は北条貞時から関東御祈禱の勤めを求められ、さらに弟子の隆勝に受け継がれて関東護持の立場をまもり、貞時もそれを認めたという[4]。したがって隆勝は北条氏の庇護《ひご》が厚い伊豆山走湯院の別当となることができたのであった。つまり、憲淳、隆勝は武家に重んじられた僧なのであり、後宇多法皇が信頼した道順は公家側の僧であった。報恩院流に起こった一連の騒動も、公武の図式のなかで考えるとわかりやすくなる。法の伝授のなかに幕府と朝廷という勢力争いが反映していたのである。大覚寺統と持明院統、そして公武のなかで後宇多院がもとめた密教法流の統合とも考えることができるのである。その根本寺院としたのが東寺であり、禅助に与えた東寺座主という地位だった。

そんななかで後宇多院は多くの僧に灌頂を授けた。付法には報恩院流道順、金剛王院流実助、勝宝院《しょうぼういん》道意、菩提院《ぼだいいん》信助、そして息子である性円《しょうえん》がいる。後宇多院、否、金剛乗はもはや真言密教の大阿闍梨だったのである。

後宇多法皇と密教遺品

ここで、後宇多天皇が密教に関連して自ら筆をふるった宸筆《しんぴつ》作例のなかで、おもに大覚寺に残る遺品に注目してみよう。代表的なものをあげると、①大覚寺御遺告《ごゆいごう》一巻（御手《ごて》

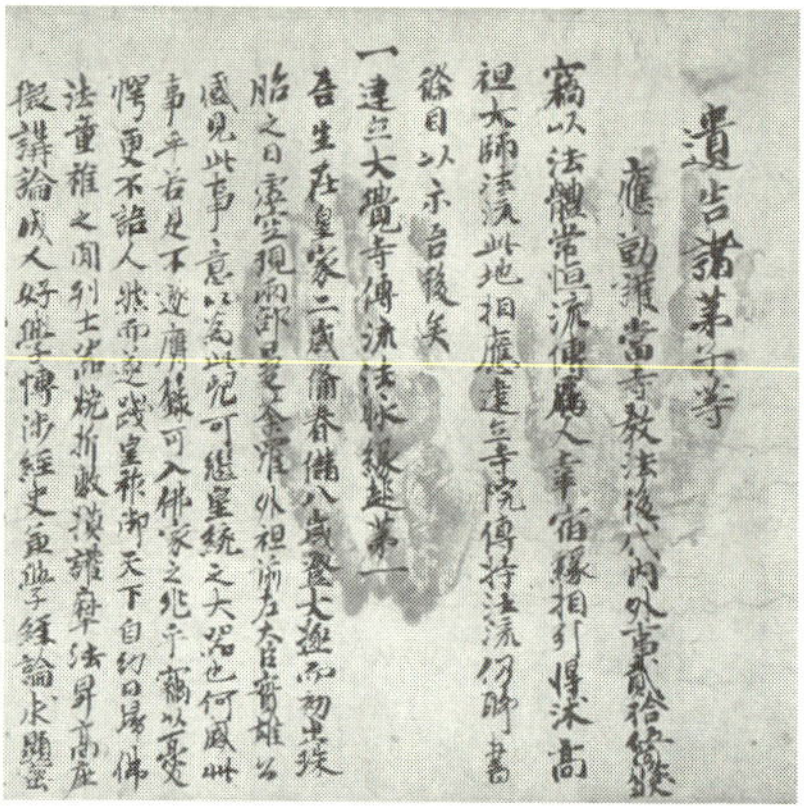
遺告諸弟子等

一 建立大覚寺伝流法脈縁起第一

図５　大覚寺御遺告（大覚寺蔵）

印《いん》）、②弘法大師伝《こうぼうだいしでん》、③高雄曼荼羅御修復記《たかおまんだらごしゅうふくき》の三点となる。加えて、東寺に所蔵される④談義本尊画像にも注目してみたい。

①大覚寺御遺告一巻（御手印）　一巻　紙本墨書（図５）

後宇多法皇が自ら手塩にかけた大覚寺の興隆のために記した遺告で、二十一条からなる。遺告は亡くなるにあたり、戒や教訓などその後の規範となる言葉である。空海が制作したものとみなされた、いわゆる空海仮託《かたく》の『御遺告二十五条』は東寺を中心とした真言の興隆のために記されたもので、単に『御遺告』と称される。それに倣って二十五条にするつもりであったと考えられている。もちろんその当時の後宇多院は『御遺告』が空海真筆《しんぴつ》と信じていたから、その事績を追うかのように、大覚寺のために遺告を作成したのである。この後宇多院『御遺告』は全長八メートル弱にわたる長文で、後宇多法皇の意気込みがひしひしと感じられる。そこに左右の手の朱印を印捺《いんなつ》してある。御手印の作例として、高野山『宝《ほう》簡集《かんしゅう》』に収められる後白河院による文治《ぶんじ》三年（一一八七）高野山大塔起請文《だいとうきしょうもん》や水無瀬神宮《みなせじんぐう》の後鳥羽院《ごとばいん》による暦仁《りゃくにん》二年（一二三九）の置文《おきぶみ》があり、御手印は自らの強い意志を示し、その文章に対して誠心を誓うものである。

②弘法大師伝　一幅　絹本墨書（図6）

奥書《おくがき》には「正和《しょうわ》四年三月廿一日」とあり、三月二十一日という空海入定《にゅうじょう》の日、すなわち遠忌《おんき》であり、御影供《みえいく》が行われていた日に書写している点が注目される。特定の日に仏教作善《さぜん》を行うこと、これはいわゆる縁日につながるものであり、通常の日よりも功徳が大きいと考えられていた日である。仏事には八日の薬師《やくし》、十五日の阿弥陀《あみだ》、十八日の観音《かんのん》、二十四日の地蔵《じぞう》、二十五日の文殊《もんじゅ》が代表的で、縁日にまつわる造像は多い。

空海は承和《じょうわ》二年（八三五）に没しており、本伝制作前年の正和三年（一三一四）は四百八十回忌に当たる。やや半端な節目であるが、十年の節目は真言門徒にとっては顕彰すべき年であったと思われ、その翌年の弘法大師伝書写は高祖空海を慕い、心をこめた作善であることは明らかであろう。このような祖師伝の場合、通常、紙本《しほん》といって紙に記されるのが一般的であり、紙本であっても蠟箋《ろうせん》という美しい装飾が施された、やや高級な料紙《りょうし》に記されたりする。だが、この弘法大師伝では、紙本ではなく、さらに値段の高い絹本《けんぽん》に書

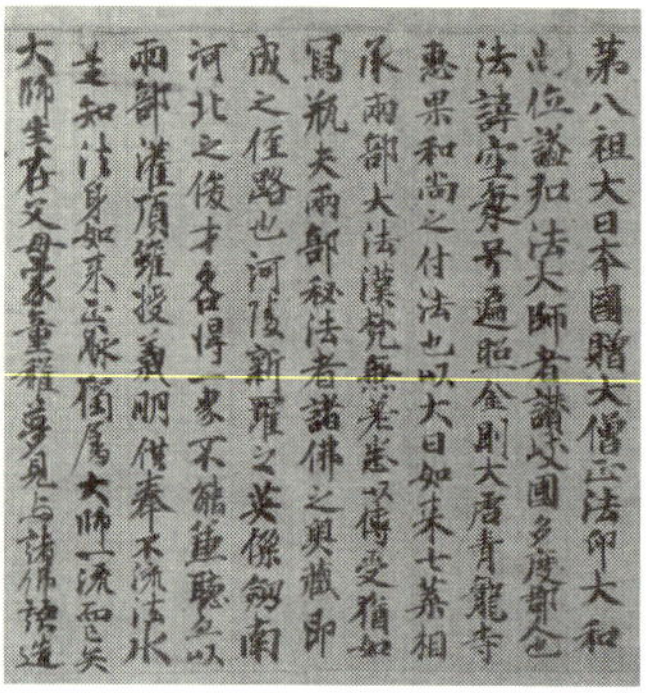
第八祖大日本國贈大僧正法印大和
尚位諡弘法大師者讃岐國多度郡人也
法諱空海号遍照金剛大唐青龍寺
惠果和尚之付法也以大日如来七葉相
承両部大法漢梵無差悉以傳受猶如
寫瓶夫両部秘法者諸佛之奥藏即
成之径路也河陵新羅之英傑剣南
河北之俊才各得一象不能兼聴以
両部灌頂難授兼明併奉本流法水
未知法身如来正嫡独属大師一流而已矣
大師生存父母兼重羅夢見与諸佛語

図6　弘法大師伝（大覚寺蔵）

写されている点も格段の配慮がなされていることがうかがわれる。後宇多院のなかに特別な意識があったと想像される。

③高雄曼荼羅御修復記　一巻　紙本墨書（図7）

奥書には「延慶二年正月十九日、高祖十六葉の末資、両部伝法大阿闍梨」とある。後宇多院は延慶元年（一三〇八）三月二十四日に神護寺《じんごじ》に参詣し、両界《りょうかい》曼荼羅を観覧した。その破損の甚だしいことを認め、八月一日に再び参詣し、修復を命じ、翌二年正月十九日に修復が終了したことを記す。

後宇多院と神護寺の関係をみると、嘉元《かげん》四年（一三〇六）十二月十日に、もともと神護寺にあった僧形八幡神《そうぎょうはちまんしん》画像を鳥羽宝蔵から戻し、徳治三年（一三〇八）六月二十日には空海真筆『灌頂暦名《かんじょうれきめい》』も戻している。この年の正月二十八日には東寺の仏舎利一粒が神護寺に後宇多院によって奉請《ぶじょう》されている。後にも触れるが、東寺の仏舎利《ぶっしゃり》は空海請来《しょうらい》の霊宝で、天皇もしくは院の勅命にて東寺長者がその数を確認する勘計《かんけい》が行われ、また舎利の一部を分与する奉請が行われた。徳治三年の東寺長者は後宇多院の戒師、また伝法阿闍梨となった禅助であり、この前に行われた奉請では後宇多院に三粒、禅助に一粒が奉請され、この度は神護寺に一粒、後宇多院にまたもや三粒の奉請であった。奉請は公家などの個人に分与される場合が多く、やや報奨的な意味合いがあった。寺院に分け与えられるケースは弘安三年（一二八〇）七月二十八日の長谷寺《はせでら》十一面観音再興像などをはじめとして数例しかなく、めったにない。したがって神護寺が重んじられていたことが推察されるのである。

なお、個人に分与される場合も仏像の像内に納める用途があったようである。

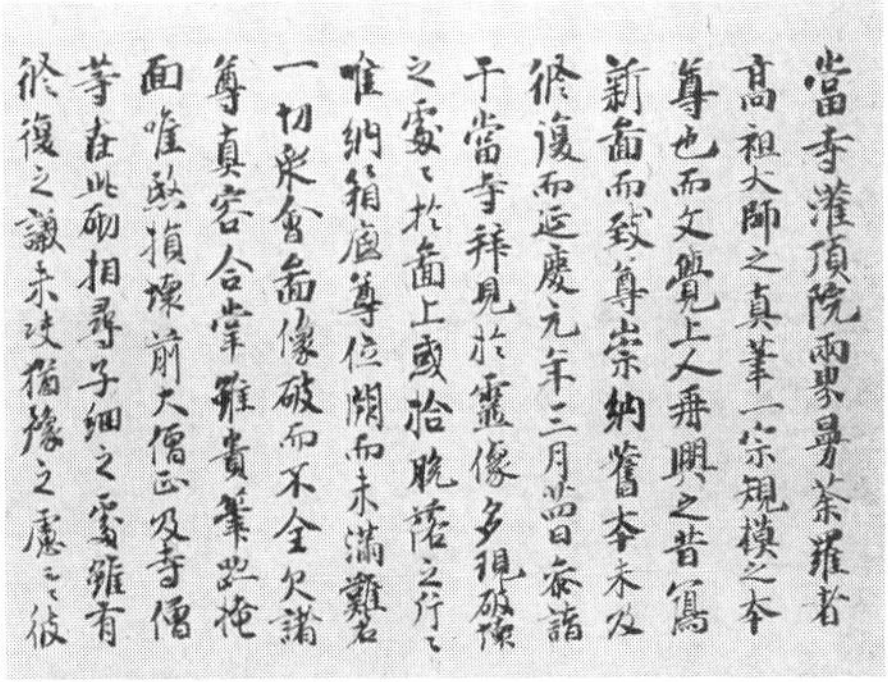
當寺灌頂院両界曼荼羅者
高祖大師之真筆一宗規模之本
尊也而文覚上人再興之昔写
新図而致尊崇納舊本未及
修復而延慶元年三月當寺諸
于當寺拝見於霊像多損破壊
之處々於図上或裕脱落之所々
唯納箱底尊位闕而未満難忍
一切衆會図像破而不全欠諸
尊真容合掌雖貴筆跡掩
面唯然損壊前大僧正及寺僧
等在此砌相尋子細之處雖有
修復之議未决猶豫之處々依

図7　高雄曼荼羅修復記（大覚寺蔵）

仏像は魂があってはじめて礼拝対象となる。魂がなければただの木偶《でく》の坊《ぼう》である。すべての仏像ではないが、像内に舎利が納められている作例も多い。木造物に舎利をこめることによって聖なる木造仏に変わるという考え方があり、そのための舎利が必要となり、分与もあったようである。東大寺を復興させた重源が造立した仏像のために分与した例や、後の足利義満《あしかがよしみつ》による奉請では安国寺利生塔《あんこくじりしょうとう》のために舎利が必要とされたらしい。

いずれにしても、僧形八幡神画像や『灌頂暦名』などの寺外流出品を里帰りさせ、そしてこの東寺の仏舎利一粒を納め、高雄曼荼羅を修復したことは後宇多院による神護寺復興の証《あかし》であり、また神護寺が空海ゆかりの地であることから、保護したのだろう。

その他にも後宇多院宸筆の聖教類が大覚寺には数多く伝来するが、ここで取り上げたものはすべて空海に関係するものであることが注目されよう。①大覚寺御遺告は空海の『御遺告』になぞらえ、②空海伝は空海御遠忌における尊崇の念と考えられ、③高雄曼荼羅修復は空海自筆とされる曼荼羅の修復である。もはや空海思慕などという次元を超えて、熱狂的な信奉者と見なしてよかろう。後宇多院が小野流と広沢流の、いわゆる野沢の統合、「法流の一揆」を考えるのであれば、究極の対象物として空海関係の遺品や著作物がある。真言密教のなかで法流を超えて尊崇されねばならないのが空海である。東寺の興隆にも弘法大師信仰に中心があった。

④談義本尊画像《だんぎほんぞんがぞう》　一幅　絹本着色　正和二年（一三一三）（図8）

ついで東寺に施入《せにゅう》された談義本尊画像（空海画像）一幅である。空海の肖像画《しょうぞうが》は真如様《しんにょよう》といって、牀座《しょうざ》に坐し、やや右斜めを向いて、右手に五鈷杵《ごこしょ》を持ち、左手に念珠《ねんじゅ》を握る姿が一般的であるが、本図はそれに加え上段と下段に大きく讃《さん》が記されている点が特徴である。これは後宇多院宸筆のもので、内容は空海の『御遺告』からの抜粋である。上段には『御遺告』の序文と「はじめに成立の由を示す縁起第一」から弘仁帝《こうにんてい》、つまり嵯峨《さが》天皇《てんのう》から東寺を永久に賜ったことを記し、下段には「後生《ごしょう》の末世《まつせ》の弟子、祖師の恩に報進《ほうしん》すべき縁起第十七」から真言門徒はすべて空海の弟子であり、仏道に励むべきと記されている。

ほかに例のない後宇多院ならではの形式で、まさしく後宇多院による空海への崇拝と『御遺告』に対する信奉、そして東寺を重視する考えを具体的にあらわした画像なのである。

なお、昭和五十年の修理によって画像裏面に五輪塔図《ごりんとうず》が納められていたことが見いださ

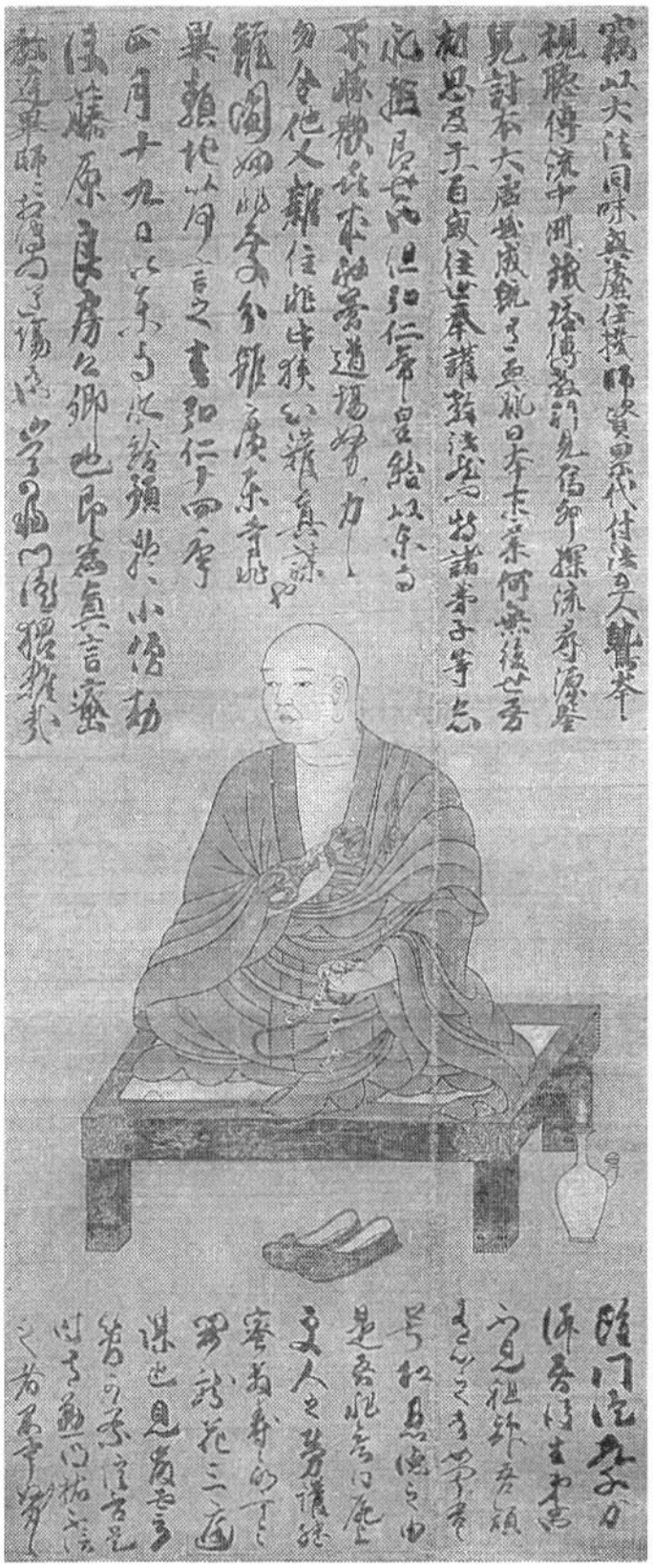

図8　談義本尊画像
（教王護国寺蔵）

れた。現在は別の掛幅装となっている。五輪塔は宝珠《ほうじゅ》に通じ、『御遺告』における如意宝珠に対する深い信仰が後宇多院にあり、さらに舎利信仰にも通じるものであろう。(5)

談義本尊とは春秋二回、鎮守八幡《ちんじゅはちまん》と御影堂で行われる伝法会にて本尊として祀られるのでこう呼ばれる。東寺の興隆を願って施入したのであるが、これも東寺の仏教学が発展することを第一に望んでいるのである。そして伝法会にて、学問が優秀ですべてをまとめる学頭《がくとう》という役を最初に勤めたのが後にも触れるが、東寺の学僧・頼宝《らいほう》であった。

なお、南北朝時代には本画像を転写した画像が制作されており、この画像の重要性を物語るものとなっている。

弘法大師信仰

ここで空海に対する信仰、いわゆる大師信仰についてみてみたい。大師信仰は平安時代後期から顕著になる。東寺の興隆は平安時代末期の文覚《もんがく》により進められはじめた。鎌倉時代に入り、東寺の御影堂が建立され、本尊の空海像は天福《てんぷく》元年(一二三三)、慶派《けいは》の仏師《ぶっし》康勝《こうしょう》による造立《ぞうりゅう》で、翌年は空海御遠忌四百年であった。これ以降に毎月二十一日の御影供がはじめられ、東寺での弘法大師信仰が盛んになる。今でも「弘法さん」と言って親しまれる弘法市の発生がここにある。さらに後白河院の第六皇女である宣陽門院《せんようもんいん》覲子《きんし》による援助も大きく、所領《しょりょう》が寄進されたことなどによって堂舎が整備され、僧も多く住まわせるようになった。そして御影堂にて晦日に舎利を礼讃《らいさん》する舎利講が営まれ、弘法大師信仰と舎利信仰がそろうこととなったのである。

また、鎌倉後期になると、いわゆる祖師信仰は盛んになるが、空海の場合も弘法大師絵伝六巻といった絵巻物が制作され、さきにみた『御遺告』による宝珠信仰も盛んになっていった。

一方、空海が入定した地・高野山が弥勒浄土《みろくじょうど》として想定されはじめるのは平安時代であるが、やはり鎌倉時代により盛んになり、空海を中心に奥《おく》の院《いん》や壇上伽藍《だんじょうがらん》の景観をあらわした画像も描かれるようになる。また、四国讃岐《さぬき》の善通寺《ぜんつうじ》では空海が若き頃の霊験話として、参籠中に弥勒如来が顕現して秘密の印明《いんみょう》を授けられたという伝承をもつ、いわゆる善通寺御影という画像も描かれはじめている。大師信仰の高揚は鎌倉時代中期以降に一層顕著になるのである。概略であるが、このような大師信仰の風潮と後宇多院の空海思慕も無関係ではあるまい。

実際、後宇多院は正和二年（一三一三）八月に高野山に行幸《ぎょうこう》した。行幸というよりも信仰心をもった参詣である。さらに、空海が入定している聖地・奥の院に三日間の参籠をとげている。『高野春秋《こうやしゅんじゅう》』巻第十に記述がみられ、それによると、八月十二日に御影供を行い、十四日まで密教の究極の考え方で、現世の身で仏となる即身義《そくしんぎ》などを論談し、問答を僧侶と行っている。論議するほどであるからかなり密教に習熟していたのである。

高野山は金剛峯寺《こんごうぶじ》を中心として子院《しいん》が多く立ち並ぶが、根幹は金堂や大塔、御影堂がある壇上伽藍と空海御廟《ごびょう》がある奥の院のふたつの区域であった。空海は高野山にて没したのではなく、あくまでも禅定《ぜんじょう》に入った（入定）のである。弥勒菩薩の浄土である都率《とそつ》に生まれ（上生《じょうしょう》）、弥勒がこの世に出現する（下生《げしょう》）の暁には弥勒とともにこの世に現れるという思想が根底にある。今に生きているのが空海なのである。後宇多院が空海を崇尊してやまないことはしばしば述べたが、行幸した院は白河院や鳥羽院、後白河院、後鳥羽院、後嵯峨院と少なく、いずれも密教に篤く帰依したとして知られている院ばかりである。

高野山は現世における弥勒浄土であった。康保《こうほう》五年（九六八）に成立した『金剛峯寺建立修行縁起《こんごうぶじこんりゅうしゅぎょうえんぎ》』には、

吾れ入定の間、知足天《ちそく》に往きて慈尊《じそん》の御前に参じつかまつらん、五十六億余の後、慈尊の下生の時、必ず須く随従せん（後略）

とある。これは空海の入定と弥勒浄土とが語られる時に必ず引用される基本的な文献だが、

そこには入定して弥勒（慈尊）の下生の時に空海も一緒に現れるとある。この入定と都率は治承《じしょう》三年（一一七九）成立の『梁塵秘抄《りょうじんひしょう》』第二三四にも、

三会《さんね》のあかつき待つ人は、処を占めてぞ在します。鶏足山には摩訶迦葉《まかかしょう》、や、高野の山には大師とかや

と謡われるほど有名なものであった。弥勒が下生して説法する場を三会と言うが、その三会の暁を空海は高野山にて待っているのである。

以上、後宇多院と密教関係について概略を述べたが、宇多天皇と仁和寺との関係を含めて、空海という先達の跡をなぞるかのような行動である。さて、次に後醍醐天皇と密教である。ここまでみてきたような、後宇多院の密教に対する姿勢の影響が、後醍醐天皇の行動にしばしば垣間見られるのである。

2　後醍醐天皇の密教入門

後醍醐天皇の誕生

後宇多天皇の第二皇子として尊治《たかはる》（後醍醐天皇）が誕生したのは正応《しょうおう》元年（一二八八）であった。兄には後に後二条天皇となる邦治《くにはる》がおり、両統迭立《りょうとうてつりつ》の対立した仕組みのなかで、第二皇子では立太子を望むことができない立場にいたのが尊治である。その状況下で嘉元元年（一三〇三）に元服《げんぷく》した。

正安三年（一三〇一）に兄の邦治親王は即位し、後二条天皇となった。しかし、徳治三年八月（一三〇八）、在位七年にして後二条天皇はにわかに病によって崩御《ほうぎょ》してしまう。二十四歳の若さであった。これによって持明院統の花園天皇が即位し、順序として大覚寺統の皇子が立太子《りったいし》ということになった。後醍醐天皇が立太子したのである。基本的には後二条天皇の皇子・邦良親王が即位するはずであったが、両統迭立の駆け引きのなかではいまだ幼少であり、後宇多院により立太子は無理と判断されたのであった。そこで、本来なら皇位につくことが不可能であった後醍醐天皇だが、治天《ちてん》の君《きみ》となる可能性がでてきたのである。しかし、後宇多院は後醍醐天皇に一時的な天皇として、その後は邦良親王を全面的に補佐し、天皇とすることを申し渡してあったのである。したがって、後醍醐天皇は一代限りであり、後醍醐天皇の皇子たちは皇位についてはは可能性がまったくないという状況であった。

このような背景のなかで、自らが天皇として君臨し、しかも自らの血統に皇位を継承させるために倒幕《とうばく》が必要であったとされている。

立太子して、やがて天皇となるが、その間に密教の灌頂《かんじょう》を受けたのが後醍醐天皇である。出家しないまま、灌頂を多く受け、自らが修法を行った後醍醐天皇であり、それをもって「異形」と称される場合がある。しかし、後醍醐天皇が突如として密教に関心を持ったわけではなく、また、理由もなく傾倒していったわけでもない。

道順による許可灌頂

父・後宇多院が俗体で伝法灌頂を受け、さらに野沢両流の聖教類を手中に納めた姿は後醍醐天皇にも受け継がれていく。後醍醐天皇が一代限りの天皇であるとし、後二条天皇の息・邦良の継承の問題から皇位に関しては後宇多院との確執があったとされるが、密教についてはまるで阿闍梨《あじゃり》と弟子の関係のように同じような方向を歩んでいるのである。

正和元年（一三一二）に報恩院流の道順より後醍醐天皇は印可を授けられた。『後宇多《ごうだ》院御《いんご》灌頂記《かんじょうき》』をみると、先にみた徳治三年（一三〇八）四月十四日のこととして憲淳から受けた後宇多院の灌頂について記されており、道順が唄担当で参加している。唄はいわば仏教の歌（声明《しょうみょう》）のことで、法会《ほうえ》などで独唱して厳かな雰囲気をかもし出す役割であった。道順はうまかったのかもしれない。それはともかく、この後、延慶二年（一三〇九）に、今度は大阿闍梨道順で灌頂を後宇多院が受けるのであるが、その次のこととして、

大覚寺殿二宮《にのみや》
春宮《とうぐう》　印可の御事
正和元年三月廿一日。
万里小路《までのこうじ》殿角小御所《どのかどごごしょ》においてこれを授けたてまつる。
大阿闍梨前大僧正道順

とあり、大覚寺殿二宮、つまり後醍醐天皇が正和元年三月二十一日に万里小路殿にて印可を受けている。

印可を受けたというのは道順から報恩院流の印信を授けられたということで、許可灌頂とも言う。この日が空海の忌日である点もやはり留意すべきかもしれない。後醍醐天皇が

東（春）宮であった時のことであり、これは後醍醐天皇が独自で受けたというよりも父・後宇多院の灌頂の流れで道順から印可を受けているようである。つまり、後宇多院に随って印可を受けていると思われる。

万里小路殿とは後宇多院が住む仙洞《せんどう》御所のことで、灌頂が行われた場も父の影響下と言ってよい。灌頂の導師も後宇多院がかわいがっていた道順が阿闍梨である。

この場合、後宇多院が後醍醐天皇に灌頂を受けさせたのか、後醍醐天皇が積極的に望んで灌頂を受けたのかわからないが、後に深く密教に帰依していく後醍醐天皇の姿をみると、後者のようにも思えるが定かではない。しかし、後に後宇多院の密教に対して行った事績をたどるかのように深い関係となっていく密教への歩みが、ここに踏み出されたのである。

践祚と即位灌頂

花園天皇が在位十年を迎え、退位する。文保《ぶんぽう》二年（一三一八）二月二十六日、後醍醐天皇の践祚《せんそ》となった。この後、新たな人事など次々と親政を進めていくことはよく知られている。

践祚の次に即位式が行われるが、その即位の時に天皇だけが行う特別な灌頂に即位灌《そくいかん》頂《じょう》というものがある。即位灌頂については近年に多くの論考があるので、詳しくはそちらを参考にしていただきたいが、(6) 即位灌頂は文字通り即位の時に、天皇は大日如来《だいにちにょらい》の智拳印《ちけんいん》を結び、摂関家《せっかんけ》から印明を受けるという特異な灌頂である。もちろん密教の灌頂からの形式を借用した儀式だが、これが鎌倉時代から天皇の即位に行われるようになった。後深草天皇からはじまったとされている。東密と台密では手に結ぶ印や口で唱える印明が異なり、東密では大日如来と吒枳尼天《だきにてん》の真言を称えるという。吒枳尼天は人の魂をくらうという恐ろしい尊だが、人々を把握するという意味である。これによって即位した天皇が大日如来と同体とみなされ、密教的な最高位にあることを意味するもので、王法と仏法という両輪が備わったことになるのである。

後醍醐天皇も関白二条道平《にじょうみちひら》によって、印明が即位灌頂の時に伝授されている。即位灌頂は後醍醐天皇だけでなく、持明院統でも大覚寺統でも、また、南北朝合一以降の代々の天皇が即位灌頂を行い、幕末まで続く。この頃になると、灌頂という言葉が密教特有のものではなく、「秘密のなにかを伝授する」という一般的な言葉に代わりつつあるようである。

一方、密教僧の間にも即位法という次第が伝来しており、天皇の即位灌頂に影響を与えていたとされる。即位灌頂印明は別名で四海領掌印明《しかいりょうしょういんみょう》とも言われた。四海をつかむという、まさに王たるにふさわしい名称である。

後醍醐天皇没後になってからであるが、醍醐寺の玄房《げんぼう》が北畠親房《きたばたけちかふさ》と対話した記録に興味

深いことが載る。『玄房法印記　観応二年日次記《かんおうにねんひなみき》』（『続群書類従』）に、

卯月二日。北畠禅門《ぜんもん》（親房）ニ対面おわる。

と親房に対面したとあり、次いで、

卯月五日。また禅門問いて云く。四海領掌印明の事。相承せしむるやいなや云々。予は答えて云く。云々。

重ねて禅門問いて云く。弘真《こうしん》僧正は随分とこれを相承せしむるに候。彼の禅門もこれを相伝せしむるの由、自らこれを称せらる。この事憚《はばか》りあるの間。問を発せられるといえども委細《いさい》の答はあたわず。

と、親房も四海領掌印明を知り、後に多く登場する文観房《もんかんぼう》弘真もその印を相伝していたという。しかし、玄房は詳細は答えることはできないのだとして、親房に言葉をにごしているようである。やはり、法流のことや印明の伝授のことは秘密であり、みだりに他人に話すものではなかったようだ。

栄海より印可

真言僧の僧伝の集大成である『伝燈広録《でんとうこうろく》』後巻二の「東寺百二十一代長者法務慈尊院六《とうじひゃくにじゅういちだいちょうじゃほうむじそんいんろくせ》世大僧正栄海伝《いだいそうじょうようかいでん》」に、

大僧正名は栄海、聖済の室に入りて出家す、（中略）無動寺に住し、台教を聞く、後に本師伝燈を嗣ぎ、慈尊六世の席を薫す。詔《みことのり》して東寺の百二十一代長者法務となす。大僧正に任ぜらる。（中略）元応《げんおう》帝の国師として印可を受けられる。すなわち印璽《いんじ》を献ず。寂せし年月を欠し知らず、宗祖の伝十巻を編じ、世に行ず。（中略）付法は二人。一人に分燈す　俊然僧都　寛胤伝有下　元応帝分受

とあり、元応帝の国師として印可を受け、印璽を献じたという。この印璽というのがよくわからないが、重要な印章だったのだろう。「元応帝」とは前年の文保二年に即位した後醍醐天皇のことで、栄海が後醍醐天皇に印信を授けたことは、同じ『伝燈広録』に後醍醐天皇のことをやはり「元応帝」として一項目をもうけ、

元応帝諱《いみな》は尊治。建治《けんじ》帝の二の太子なり。母は談天門《だんてんもん》皇后にして参議《さんぎ》忠継《ただつぐ》の女なり。

文保二年三月二十九日に即位す。元年己未《つちのとひつじ》、国師大僧正栄海に印可を受けられる。
海すなわち印信を献ず。

と「建治帝」、これも後宇多天皇のことであるが、その第二皇子の後醍醐天皇が元応元年（一三一九）に栄海が印信を献じたとあるので、後醍醐天皇が栄海より印可を受けたことは確実だろう。これも道順から受けた場合と同じく許可灌頂であると思われる。『伝燈広録』の後醍醐天皇については栄海から灌頂を受けたこととしか記述がなく、道順や後に文観房弘真から灌頂を受けた事実が記されていないが、概して『伝燈広録』は報恩院流の道順や弘真の僧伝に対しては批判的な立場で解説をしているので、それらについても意図的に削除したのかもしれない。天皇が灌頂を受ければそれは秘密のことではなく、公に近いことであろうから、周知の事実であったと思われるのである。

栄海（一二七八～一三四七）は勧修寺《かじゅうじ》慈《じ》尊院《そんいん》の僧であり、小野の勧修寺流の法脈である。後醍醐天皇の没後のことだが、東寺長者にもなっている。

栄海については佐藤愛弓氏の論考に詳しく(7)、それによると、後宇多院が徳治三年に東寺灌頂院にて禅助より灌頂を受けたときに、持花衆という脇役を勤めたのが栄海であった。それ以降、後宇多院のもとにて仕えることがしばしばあったらしい。また、正和三年（一三一四）に後醍醐天皇の后禧子《きし》の皇子出産のための如法愛染法《にょほうあいぜんほう》において伴僧を勤めており、後宇多院・後醍醐天皇と密接な関係にあった真言僧である。このような流れから後醍醐天皇が栄海より印可を受けることになったのだろう。つまり道順と同じく、栄海との付法関係は父である後宇多院から受け継がれたものと考えてよさそうである。

広義の意で報恩院流も勧修寺流も小野流となるが、その二流の法脈を受けていることは、小野流の要となる法脈を受けたことになり、栄海からの印可も後醍醐天皇が望んだのかもしれない。

ここに勧修寺流の血脈を記すと、

寛信―行海―興然―栄然―栄尊―聖済―栄海―後醍醐天皇
　　　　　　　└覚禅

である。勧修寺流は小野流のなかでも、繁栄していた流派であったのである。後宇多院も栄尊から勧修寺流の印可を受けている。

血脈の最初にいる寛信《かんじん》（一〇八四～一一五三）が著した事相書が後世に与えた影響は大きい。事相と図像の集大成の書として、仏教美術を学ぶ者が必ず参考とする覚禅《かくぜん》撰『覚禅《かくぜん》鈔《しょう》』でも、覚禅が勧修寺流であることを含めてしばしば寛信の言葉が引用されている。また、覚禅の師で『五十巻抄』や『曼荼羅集』の編者として知られる興然《こうねん》もこの流れを汲んだ事相かつ図像僧であり、寛信の引用は多い。というよりも基本となっている。平安時代末期には、勧修寺流の事相研究は極めて盛んで、小野流の中心的な法脈でもあったのである。なお、高山寺《こうざんじ》の明恵上人高弁《みょうえしょうにんこうべん》もこの勧修寺流の流れを受けており、高山寺に残る聖教類にも勧修寺流の書は多い。後宇多院や後醍醐天皇にとっても印可を受けたい法脈だったと思われる。

『神皇正統記』における密教の記述

北畠親房の『神皇正統記《じんのうしょうとうき》』は後醍醐天皇没後まもなくして、天皇の系譜と南朝の正当性が記されたものとしてよく知られているが、そこには後醍醐天皇の密教受法についても記されており、

仏法ニモ御心ザシフカクテ、ムネト真言ヲナラハセ給。ハジメハ法皇ニウケマシマシケルガ、後ニ前大僧正禅助ニ許可マデウケ給トゾ。天子灌頂ノ例ハ唐朝ニモミヘハベリ。本朝ニモ清和《せいわ》ノ御門《みかど》、禁中ニテ慈覚《じかく》大師ニ灌頂ヲオコナハル。主上ハジメ奉リテ

忠仁公《ちゆうにんこう》ナドモウケラレタル、コレハ結縁灌頂トゾ申メル。此度ハマコトノ授職トヲボシメシシニヤ。サレド猶許可ニサダマリキトゾ。ソレナラズ、又諸流モウケサセ給。又諸宗ヲモステタマハズ。本朝異朝禅門ノ僧徒マデモ内ニメシテトブラハセ給キ。

とあり、後醍醐天皇は仏法にも志が深く、特に真言に重きが置かれていたと親房が述べている。後醍醐天皇の近くにいた親房の言葉であるので信じられるものだろう。

後醍醐天皇は、はじめは父・後宇多より真言を学んだという。これが後宇多院から灌頂を受けたものなのかわからないが、強い影響はあったのだろう。後に前大僧正禅助に許可灌頂を受けたという。禅助は先にも述べたように、後宇多上皇が受戒し、灌頂を受けた仁和寺の高僧であり、禅助からの許可灌頂も父からの継承である。天皇が灌頂を受けた先例として清和天皇（八五〇～八八〇）が宮中にて慈覚大師円仁《えんにん》から受けた事例をあげているが、これは結縁灌頂であり誰でも受けることのできる灌頂だが、後醍醐天皇が禅助に受けたのは本格的な灌頂であったという。しかし、伝法灌頂ではなく、その一歩手前の許可灌頂にとどまったものであったと記している。広沢流の密教を本格的に学ぶことを許されたという意であろう。

また、「又諸流モウケサセ給」とあり、広沢流以外の流派も――この場合、小野流の報恩院流と勧修寺流などを示していると思われるが――灌頂を受けたという。これは道順や栄海のところでみたように許可灌頂だったのだが、多くの流派を受けたという点が重要なのである。さらに諸宗派も学び、特に日本と中国の禅宗の僧侶を宮中に呼び寄せてその法門を聴かせたという。それは大徳寺の開山《かいざん》・宗峰妙超《しゅうほうみょうちょう》と元からの来日僧・明極楚俊《みんきそしゅん》などのことである。北畠親房は後醍醐天皇の対仏教姿勢をよく観察しているのである。

親房自身も元徳《げんとく》元年（一三二九）に真言僧として出家し、覚空もしくは宗玄と称した。養育にあたったが、早世してしまった後醍醐天皇の皇子・世良《よよし》親王の他界が仏門に入るきっかけであったらしい。さらに『真言内証義《しんごんないしょうぎ》』という密教の真髄を述べた書を著しており、『神皇正統記』の記述にも真言宗側からの立場があったかと思われるが、後醍醐天皇の密教受法について他の資料と比べても正確に記していることが知られる。

文観房弘真

では次に、後醍醐天皇ともっとも緊密な関係を持ち続けた文観房弘真《もんかんぼうこうしん》をみていこう。『瑜伽伝燈鈔《ゆがでんとうしょう》』によると、

四十六歳　勅に応じて参内す

とあり、文観房弘真が四十六歳の時、元亨三年（一三二三）、後醍醐天皇の勅命により宮中に参内ということになった。後醍醐天皇の時の内裏《だいり》は文保元年（一三一七）に完成した富小路《とみのこうじ》二条の内裏である。文保二年二月に後醍醐天皇の代となるので、花園天皇が住したのはわずか一年たらずであるが、後醍醐天皇は後に焼亡するまでずっと皇居としていた。ほとんど後醍醐天皇の皇居であった。

『瑜伽伝燈鈔』は弘真の弟子・宝蓮《ほうれん》が筆写したもので、巻九の「真言秘密相承の事」に大日如来からはじまる血脈と祖師の略伝が記され、醍醐寺に連なり、そして報恩院へと流れていく。弘真の場合も「第二十九」として記されており、僧伝などに弘真に関する資料が少ないなかで、極めて情報の多いものであり、本書でもしばしば引用することとなる。

文観房弘真は播磨《はりま》（兵庫）出身で、若くして南都《なんと》・西大寺《さいだいじ》に入った。西大寺を中興した叡尊《えいそん》の高弟で、西大寺長老第二世となった信空《しんくう》の門に入るのである。西大寺は鎌倉時代に叡尊によって復興された戒律の寺院として知られているが、もともと叡尊が醍醐寺松橋《まつはし》流《りゅう》で密教を学んだように、叡尊以降の西大寺は基本的には密教寺院であった。そこで戒律とともに密教を学んだのである。さらに後に報恩院流の道順から付法を受ける。詳しいことは拙著『文観房弘真と美術』(8)を参照していただきたいが、律僧であって密教事相僧という僧であった。このふたつは相反するものではなく、共にあるものなのである。真言の僧だからといって死に臨んでみな即身成仏かというと、浄土を願うものもいるし、臨済禅《りんざいぜん》の僧侶にも不動明王《ふどうみょうおう》に帰依していたものもいる。一元的にとらえると大きな誤りになる場合がある。

さて、前々年の元亨元年十二月九日には後醍醐天皇は後宇多院が院を退いたことで、天皇親政をはじめている。組織や人事を直接的に掌握しようとしたのである。例えば、元亨三年の六月十六日には大内記《だいないき》日野俊基《ひのとしもと》を蔵人《くろうど》に登用するなど、周辺に新たな動きが見えはじめている。この年に弘真を参内させたのも後醍醐天皇の密教に対する新たな方向性のひとつと考えてよかろう。後宇多天皇が仁和寺禅助や報恩院憲淳、そして道順を重んじたように、自らが選んだ密教僧を側近のごとく宮中に召すのである。その流れからすれば、道順の弟子の弘真が勅命を受けることも当然であるのかもしれない。弘真が参内して、どのような講義をしたのか、あるいはいかなる修法を行じたのか不明であるが、前々年の元亨元年十二月二十八日には道順が没している。父・後宇多法皇に引き続き報恩院流との関係を保つのであれば、公家よりの真言僧であった道順の高弟の弘真を勅により参内させるのは当然であろう。以上のようにみてみると、やはり大覚寺統の流れのなかで、特に後宇多院の敷いた密教の布石の上を後醍醐天皇が歩いていているようである。

註

（1）藤井雅子『中世醍醐寺と真言密教』（勉誠出版、二〇〇八年）。
（2）真木隆行「後宇多法皇の密教受法」（大阪大学文学部日本史学科研究室編『古代中世の社会と国家』所収、清文堂出版、一九九八年）。
（3）上島有『東寺・東寺百合文書の研究』（思文閣出版、一九九八年）。
（4）永村眞「『院家』と『法流』――主に醍醐寺報恩院流を通じて――」（稲垣栄三編『醍醐寺の密教と社会』所収、山喜房仏書林、一九九一年）。
（5）阿部泰郎「宝珠と王権」（『岩波講座　東洋思想』十六巻　日本思想二、岩波書店、一九八九年）。
（6）松本郁代『中世王権と即位灌頂』（森話社、二〇〇五年）、上川通夫「中世の即位儀礼と仏教」、小川剛三「即位灌頂と摂関家――二条家の『天子御灌頂』の歴史――」（『三田国文』第二十五号、一九九七年）など。
（7）佐藤愛弓「慈尊院栄海における宗教と文学」（『中世文学』第五十一号、二〇〇六年）。
（8）内田啓一『文観房弘真と美術』（法藏館、二〇〇六年）。

第二章　後醍醐天皇と文観房弘真

1　東寺の興隆

勧学会談義

後宇多院が徳治《とくじ》三年（一三〇八）に『東寺興隆条々事書幷添状案《とうじこうりゅうじょうじょうのことがきならびにそえじょうあん》』を著し、談義《だんぎ》本尊画像《ほんぞんがぞう》を納めるなど、東寺の興隆に努めたことを述べたが、後醍醐天皇も引き続き東寺の発展につくしている。

『東宝記《とうぼうき》』によると、元亨《げんこう》二年（一三二二）三月二十一日から東寺御影堂《みえいどう》において勧学《かんがく》会談義《えだんぎ》が行われはじめている。これも空海遠忌の日である点は注目してよかろう。御影供《みえいく》の日に勧学会を催すのである。勧学会は僧たちの学道研鑚のために行われるもので、経典や祖師の著述などが選ばれた講師によって講釈《こうしゃく》され、論議されるものであった。この法会《ほうえ》が行われるに際し、開白《かいびゃく》といって、最初の口上を述べる役が、東寺の学頭《がくとう》・頼宝《らいほう》であった。ここで密教の基本中の基本である『菩提心論《ぼだいしんろん》』を講じている。そもそもこの法会は鎌倉・

覚園寺《かくおんじ》の道忍上人が私財を投じて八宗の勧学を発願し、八宗の最高位である真言からはじめたという。八宗は法相《ほっそう》、三論《さんろん》、華厳《けごん》などの南都六宗《なんとろくしゅう》に天台・真言を加えた八宗である。

勧学会の発願《ほつがん》については後宇多天皇がことに喜び、勅願《ちょくがん》を発して東寺に寄進があったが、うまく進展しなかった。さらにここで後醍醐天皇が寄付を行ったことで、この勧学会談義が実際に行われることになったらしい。東寺の勧学会に対する父子の連携プレーである。

この勧学会の開始に際して開白した頼宝だが、出身地や業績等については不明な点が多い。洛西西明寺《らくさいさいみょうじ》の我宝《がほう》の門弟であったが東寺に入り、やがて東寺の学頭を勤めるようになった高僧であったことは確かめられ、東寺の学風をより発展させたことでも知られる。西明寺は高山寺《こうざんじ》同様に聖教《しょうぎょう》が多く伝来していた学問所のような寺院で、鎌倉時代中期に一時荒廃したが、後宇多院によって再興されたのだった。頼宝は後に門弟の杲宝《ごうほう》、その弟子の賢宝とともに東寺の三宝と称されるようになる学僧である。三宝の一人、杲宝は東寺の基本史料となる『東宝記』を編輯したことでも知られる。なお頼宝は、後述するが、後醍醐天皇が吉野に朝廷を置いた時にも後醍醐天皇のもとに参じ、講義を行ったり、灌頂《かんじょう》を授けたりしている僧である。

東寺の仏舎利

東寺の仏舎利は大同《だいどう》元年（八〇六）、空海が唐から持ち帰った八十粒である（図9）。弘《こう》仁《にん》十四年（八二三）、嵯峨天皇より空海に下賜《かし》された東寺に安置され、代々相承されてきた霊宝であった。この仏舎利は王法護持の象徴として崇拝され、甲乙の二つの壺に納められることになった。文和《ぶんな》三年（一三五四）に東寺の賢宝によって記された『東寺《とうじ》仏舎利《ぶっしゃり》勘《かん》計記《けいき》』によると、仏舎利の由来はインド僧の金剛智《こんごうち》が南インドから中国にもたらし、それが不空三蔵に伝えられ、さらに空海の師である恵果阿闍梨《けいかあじゃり》に、そして空海に伝来したものであるという。つまりインド（天竺《てんじく》）・中国（震旦《しんたん》）・日本（本朝《ほんちょう》）と真言祖師の手によってもたらされたもので、いわゆる三国伝来《さんごくでんらい》の霊宝中の霊宝だった。

図9　仏舎利宝塔
（教王護国寺蔵）

三国伝来といえば、京都・清涼《せいりょ》寺《うじ》の栴檀瑞像《せんだんずいぞう》の釈迦如来像《しゃかにょらいぞう》や長野・善光寺《ぜんこうじ》の秘仏阿弥陀三尊像《あみださんぞんぞう》などが思い起こされよう。全国的にも特に有名で、清涼寺像は平安時代中期の寛和《かんな》二年（九八六）に奝《ちょう》然《ねん》が中国・北宋《ほくそう》より持ち帰った像であるが、インドの優塡王造立《うでんおうぞうりゅう》の生身《しょうじん》釈迦としても有名であり、広く庶民まで信仰された。『増一阿含経《ぞういつあごんきょう》』巻二十八によると、釈迦在世の時、優塡王は毎日のように釈迦の説法を聞いていたが、ある時、釈迦が亡くなった母の摩耶夫人《まやぶにん》に説法するため三十三天に昇らねばならず、その不在を悲しみついには病気になってしまった、臣下たちの勧めによって午頭《ごず》梅檀（赤梅檀）の香木を用いて、高さ五尺の釈迦の像を造らせて毎日拝すると、病気が治ったという内容に基づく像である。このような話からこの像が最初に造られた仏像であり、また生存していた時の姿をそのまま写したという伝承をもつ像なので、生身の釈迦としての信仰を集めるようになったものである。なお、実際は奝然が入宋のおりに中国・揚《よう》州《しゅう》において開元寺《かいげんじ》の像を写して造立させたものである。

一方の善光寺像は天竺・百済・日本との三国伝来で、現在では絶対秘仏として拝することも不可能で、本尊の代用として厨子《ずし》の前に安置されている「お前立ち」の像のみ七年に一度だけ開帳される。本尊の実態はわからないが、飛鳥時代後期とされる金銅仏《こんどうぶつ》らしく、中世以降には格段の阿弥陀浄土信仰があった像として知られている。時宗開祖《じしゅうかいそ》の一遍《いっぺん》上人も善光寺に詣でている。両像ともに、鎌倉時代になってそっくりそのまま写して造像する模《も》刻《こく》像の流行があったことでも名高い。三国伝来は、インド発生の仏教を信奉する仏教徒にとって言いしれぬ魅力があったものらしく、また、両像が極めて正統な由緒のもとで制作された霊像であるとの意識があったのだろう。

鎌倉時代にはこのような三国伝来の正統性が主張されるような像が特別な隆盛をみるのである。おそらく末法の世にあって、何が最良であるかとの思索があり、根本であるインドを求めたのが一因であると私は考えている。もちろんインドで造立された仏像とはかけ離れて和様化《わようか》した造像の流れなのであるが、発生がインドである点が重要なのである。真言八祖が数多く制作されはじめるのも鎌倉時代であるし、真言密教は他宗派とくらべて三国相承であり、脈々とした法の流れがあるとの意義と誇示があったものと思われる。東寺の仏舎利はまさしくその三国伝来であり、しかも密教祖師による伝来と空海請来《しょうらい》という最高級の付加価値がついたものなのである。清凉寺の釈迦如来像や善光寺の阿弥陀三尊像のように、広く一般庶民にまで信仰を集めたものではないが、真言密教の僧侶にとっては別格の三国伝来品であり、恵果――空海の流れは絶対的であった。

仏舎利の奉請と東寺六か条の立願

その東寺の仏舎利は院や天皇の勅命に基づき東寺長者自らの手によって、実数が確認された。それを「勘計《かんけい》」と言う。東寺の仏舎利は摩訶不思議と増えたり減ったりを繰り返し、天下が豊饒の時にはその数が増え、国家の危機の時には数が減少するとされた。もともと八十粒であった仏舎利が、鎌倉時代には千粒を超えるようになった。増加する仏舎利の数と現状を確認するためにも、そこで勅命によって東寺長者が粒数を数える儀式が行われたのであった。橋本初子氏の「東寺仏舎利の勘計・奉請一覧表」(1)によると、最初は天暦《てんりゃく》四年(九五〇)正月十五日、すなわち後七日御修法《ごしちにちのみしほ》の終了後に行われ、甲壺二百五十九粒、乙壺五百三十五粒が数えられている。その後、断続的に行われ、天皇や上皇によって内裏や仙洞御所で行われたりした。このことからも東寺の仏舎利は東寺のものであるが、国家が管理する代物でもあったことがわかる。

一方、数を確認する勘計に対し、実数を確認した仏舎利の一部を個人に分与することを「奉請《ぶじょう》」と言う。その奉請が元亨四年(一三二四)正月十五日に後醍醐天皇によって行われたのであった。立ち会い人として後宇多院も臨み、後醍醐天皇が印可を受けた栄海も同席し、分与されている。その後、後醍醐天皇によって十五回もの奉請が行われたが、これは後宇多院による勘計の数に並ぶ多さである。父子ともに東寺の仏舎利に強い関心を寄せていたのである。三国伝来で王法の象徴なのであるから、熱狂するのも当然かもしれない。

鎌倉時代には東寺の舎利とは別に舎利信仰が盛んになる。浄土教と阿弥陀信仰の隆盛に対し、釈迦信仰が盛んとなり、釈迦の根源である舎利信仰も隆盛したのであった。一方、真言では如意宝珠《にょいほうじゅ》に対する信仰が平安時代からあったが、その如意宝珠と舎利信仰が相まって舎利＝宝珠となっていったのである。

さて、後醍醐天皇は後宇多院と同じく東寺の興隆を願い、正中《しょうちゅう》二年（一三二五）正月一日には六か条の立願を行った。それは、①東寺講堂において仁王般若経を修すること、②鎮守神楽《ちんじゅかぐら》を毎年勤めること、③八幡宮《はちまんぐう》理趣三昧《りしゅざんまい》を毎月一日に勤めること、④灌頂院《かんじょういん》護摩堂《ごまどう》において日中ずっと護摩を焚《た》くこと、⑤塔婆《とうば》における行法をすること、⑥西院《さいいん》における不断光明真言を勤めること、などであった。そして後醍醐天皇は最勝光院領《さいしょうこういんりょう》やほかの寄進を行い、経済的には援助を行い、この六か条が次々と実行されていったのである。父子ともに東寺を真言密教の中心寺院とすべく考え、行動していたのである。

性円より結縁灌頂

後醍醐天皇が灌頂を受けた阿闍梨の一人に、実弟である性円《しょうえん》がいる。

『大覚寺譜』（『大覚寺文書』上）の「来由《らいゆ》」には、

後宇多上皇は深く密教を信じ、当寺に入らる、僧のために伽藍《がらん》僧房を造営する、また供僧定額《ぐそうじょうがく》を置き寺務法式を製し、再び結界《けっかい》の地となす、崩後には性円が当寺の主たり、元亨四年　主上は当寺に行幸《ぎょうこう》し、結縁灌頂を受く、とある。後宇多法皇は密教に深く帰依し、大覚寺に入り、伽藍の造営に着手し、供僧や定額僧を置き、寺務法式を定めたことが記されている。そして後宇多院崩御《ほうぎょ》の後には、性円が大覚寺の主となった。さらに元亨四年（一三二四）には後醍醐天皇が大覚寺に行幸し、結縁灌頂を受けたという。実弟に対して、師と弟子の関係になったのである。

性円について「御代譜」をみてみると、

性円　後宇多院の皇子なり、母は談天門院《だんてんもんいん》、正和《しょうわ》二年正月廿二日、灌頂を後宇多院より稟《う》く、

とあり、母は後醍醐天皇と同じ談天門院である。天皇の皇子たちでは異母兄弟が多いなか、同腹である点は兄弟の親密さを考える上で重要な点である。正和二年（一三一三）に父から灌頂を受けたとある。密教好きの後宇多院が大覚寺を自分の寺として繁栄させ、自分の息子に灌頂を授けたのであった。父が師で息子が弟子であった。ついでに言えば、後宇多の孫弟子が後醍醐天皇ということにもなり、一族内で付法師弟の関係なのである。後宇多院を中心とした一族の密教傾倒が推し量られるようである。さらに性円について『本朝皇《ほんちょうこう》

胤紹運録《いんじょううんろく》』からみると、後醍醐天皇に連なって、

山
　承覚法親王二品。座主。梶井。入江。北白河尊忠弟子 母同後醍醐
仁
　性円法親王二品。大覚寺。後宇多法皇御附法 母同

とある。「御代譜」と同じく、母は後醍醐天皇と同じ談天門院で、同母兄弟として、「山」すなわち比叡山延暦寺の座主《ざす》となった承覚法親王と「仁」すなわち仁和寺御室《おむろ》系である大覚寺の性円法親王が記されている。後醍醐天皇の実弟には密教の二大宗派である天台・真言の僧がおり、真言系が性円であることが確かめられる。

性円の法脈

性円については『野沢血脈集《やたくけちみゃくしゅう》』第三（『真言宗全書』第三十九巻）に仁和寺禅助《ぜんじょ》の付法として名がみられるが、それを否定する割注《わりちゅう》が次のようにある。

性円親王　後宇多院の御子なり。正和二年正月二十二日、仏母心院《ぶつもしんいん》朱大覚寺において伝法灌頂を太上《だじょう》法皇朱後宇多―より受けしむる。年は二十二なり。大阿闍梨は年四十七なり。
これすなわち禅助の付法にあらず。ここに列するは誤なり

とあり、『大覚寺譜』と同じように、正和二年の後宇多院の灌頂のことが記されるが、それが大覚寺仏母心院であることやその時には二十二歳であったこと、そして大阿闍梨としての後宇多院が四十七歳であったことなどが記される。そして最後に禅助の付法ではなく、この血脈は誤りであるとしている。つまり師は父の後宇多院だけなのである。北畠親房《きたばたけちかふさ》の『神皇正統記《じんのうしょうとうき》』で後醍醐天皇も禅助から許可灌頂を受けていたことを確認したが、性円はどうも受けていないらしい。なお、ここから性円の生没年を計算すると、正応《しょうおう》四年（一二九一）の生まれで、後醍醐天皇とは四歳違いの弟である。

ほかの血脈を探しても、いずれも後宇多院からの付法であり、ほかの阿闍梨へ付法を求めなかったようである。密教の阿闍梨として父・後宇多を最高で唯一として考えたのか、それとも後宇多院が統合した大覚寺御流の自負があるので、他流に興味がなく、また王権の象徴である後宇多院から付法されれば、他に求める必要性もなかったのか定かではない。弟子に尊守親王と寛尊親王がいる。尊守は亀山天皇の皇子にはじまる宮家の常盤井家《ときわいけ》出

身で、常磐井親王の子であるから性円とは従兄弟関係にある。寛尊は亀山天皇の皇子であるから、後宇多院の兄弟である。続柄的には叔父にあたるが、年齢は性円よりもなお年下であったのであろうか。性円より大覚寺門跡を継いだ。つまり、弟子たちも一族である。性円は後宇多院だけから灌頂を受け、唯一の法脈であるためか、いろいろな僧伝類に名をみることはできない。仁和寺は平安時代の当初は皇室の寺院であったとしても、鎌倉時代には皇室以外の出身者への付法も多くみえるようになる。ところが後宇多院にはじまる大覚寺御流と称される法脈は、この時期では完全に皇室の流れである。とても閉鎖された真言法脈のなかでの密教付法関係である。

この後、元徳二年（一三三〇）十一月二十七日には後醍醐天皇が性円を宮中に呼び寄せ、内裏《だいり》の仁寿殿《じじゅうでん》にて灌頂を受けている。これは先の結縁灌頂に続くので、伝法灌頂であろう。大覚寺御流の法脈を受けたのであるが、兄弟の仲むつまじい様子がうかがえる。結縁灌頂の時は大覚寺に赴いて性円より受けたが、この度は宮中の中心的な殿舎である仁寿殿に性円を招き灌頂を受けた点が異なる。

性円の事績

ここで、性円の事績についてみてみよう。『東寺王代記』には、文保二年五月廿五日、亀山殿において後宇多法皇は仁王経法《にんのうきょうほう》を修せしむ。護摩は性円親王。

とあり、文保二年（一三一八）五月二十五日に亀山殿にて護国鎮護《ごこくちんご》を祈願する仁王経が後宇多天皇によって修されたが、その時に護摩を担当したのが性円であった。密教の修法には大壇といって主役となる僧が坐る壇と、護摩壇といってその傍らで護摩を焚くことを担当する僧がいる。その他にも十二天壇や聖天壇《しょうてんだん》といった場を担当する僧が必要となり、修法には複数人の僧が動員される。それはさておき、この仁王経法の場合、おそらく大壇を後宇多院、護摩壇を性円が受け持ち、親子で並んでの仁王経法の修法であったと想像されるのである。父親を伝法の師とし、父親が仁王経を修する時にその傍らで護摩を担当する性円の従順な姿を想像することができる。これをほほえましいとみるか、やや尋常ではない、異形の父子とみるかの判断がそこにあろう。

しかも文保二年五月二十五日といえば、後醍醐天皇が践祚した二月二十六日からまさしく三か月後であり、後醍醐天皇の親政を父と実弟が護国安泰のために、つまりは息子と実兄のために仁王経を修したように思える。

なお、後のことになるが、『東寺王代記』の建武二年（一三三五）には、

二月二十九日ヨリ。大覚寺の二品親王性円は常磐井殿において孔雀経法これを勤修す、伴僧は廿口なり。宮中御産のための御祈なり。大法秘法は数えざるこれを修せらるのうちなり。

と常磐井殿において性円によって孔雀経法《くじゃくきょうほう》が修されている。孔雀経法は祈雨《きう》のために修されるもので、大法という大がかりな修法のひとつであった。雨が降らずに旱魃《かんばつ》となると、勅命で修される場合も多い。国家の安泰をつかさどる為政者にとって農作物の不作は不徳とされる重大問題であったからである。しかし、平安時代に大法・秘法とされた修法も時代が下るにつれ縮小された傾向があるが、この場合、伴僧は二十人もおり、宮中の御産の御祈とあるので、息災法《そくさいほう》として大々的に修されたのであろう。また、孔雀経法は祈雨法としては醍醐寺清滝で修され、また、広沢流によって神泉苑《しんせんえん》などで修される修法で、平安時代末期から鎌倉時代にかけては仁和寺の座主等の高僧によって修される大法であった。特に孔雀経法は仁和寺広沢流でもっぱら修される法であった。大覚寺も広沢流のひとつであり、また、建武二年という後醍醐天皇政権下であるので、宮中の御産として実弟の性円に

勅して修させたのであろう。常磐井殿は亀山天皇の子である恒明《つねあき》親王にはじまる宮家であった。そこを修法の場として選んだのも、大覚寺統のなかでやはり一族意識のようなものがあったのかもしれない。

最後に大法と秘法は数多く修され、孔雀経法はそのなかの一つであると記されているが、性円はよほど大法・秘法を修していたのであろうか。

性円は先の父親との競演と言ってもよい仁王経法でもみたように、余人とあまり交わることもなく、大覚寺の密教僧としてのみ活躍していたようである。

2 文観房弘真

般若寺八字文殊菩薩

元亨《げんこう》四年（一三二四）三月七日に弘真（殊音）によって般若寺《はんにゃじ》の旧経蔵本尊《きゅうきょうぞうほんぞん》として木造八字《はちじ》文殊菩薩像《もんじゅぼさつぞう》（図10）が造立された。(2)

髪を八つに分けて結った（八髻）文殊菩薩像は、一木造《いちぼくづくり》である。

一木造は頭部《とうぶ》と体幹部《たいかんぶ》を一材で制作する技法で、平安時代初期に制作された木造の仏像はほとんど一木造である。しかし、平安時代中期に宇治・平等院の阿弥陀堂（鳳凰堂《ほうおうどう》）本尊の阿弥陀如来像が大仏師・定朝《じょうちょう》によって造られた。この期に定朝が頭部と体幹部を別に制作し、さらに肩の部分や坐像であれば膝の部分など別に制作して接ぎ（矧《はぎ》）合わせる寄木造《よせぎづくり》を完成させると、以降は仏像の制作はほとんどが寄木造となっていった。平等院の像は半丈六《はんじょうろく》といって、一丈六尺（約四メートル八十センチの半分＝二メートル四十センチ）で、大きさからいっても各部材を寄せ集めたほうが効率は良いが、その後は像の大小にかかわらず、仏像は寄木造で造られるようになった。

図10　八字文殊菩薩像（般若寺蔵）

当然、鎌倉時代後期の寄木造が主流であった時期にしては一木造の本像は珍しい作例である。あえて一木造で造立する意図があったものと思われるが定かではない。

素木の上に細緻な截金《きりかね》が施されている。作風は丸みをおびながらひきしまった体軀に両腕を心持ち太くする童子形の文殊であり、眉尻をあげ、鋭い目つきとする凛々しい表情は鎌倉時代からみられはじめる文殊菩薩の姿と顔である。平安時代に中国から日本にもたらされた宋本《そうほん》図像を基本として描かれた文殊童子図の立体造形化であると思われる。一方、小鼻の大きく、唇の厚い感じには仏師・康俊の小気味よい仕上げが十分感じられる。

膝前の銘文

さて、一木造であって頭部と体幹部は一材で制作されても、立像の場合は腕などが別材で制作され接合される。坐像の場合は凸部分である膝が別材で制作されたり、一度割って再び接合されたりする。接合部のことを矧《は》ぎと称するが、般若寺像の場合で注目されるのは、膝前《ひざまえ》矧ぎ合わせに墨書銘《ぼくしょめい》が記されている点である。膝前矧付《はぎつけ》面に、

元亨四年甲子三月七日　法界衆生《ほっかいしゅじょう》の発菩提心《ほつぼだいしん》、金輪聖王《こんりんじょうおう》の御願成就のおんために（中略）
信心施主所願円満護持　仏子発心は堅固にして造立したてまつる所なり

とある。この文殊造立が法界衆生の発菩提心のためであることが解る。法界衆生とはすべての人という意で、発菩提心は仏教を志す最初の心のことである。弘真が若き頃に密教を学んだ西大寺ではこの発菩提心を特に重要と考えている。つまりすべての人々の発菩提心

のよりどころとして文殊菩薩が造立されたのである。そこには次いで「金輪聖王の御願成就」と記されている。一方の矧ぎ合わせには、

大聖□□尊、菩薩戒□□殊音《しゅおん》、大願主前伊勢守藤原兼光、大仏師《だいぶつし》法眼康俊《ほうげんこうしゅん》、小仏師康《こう》成《せい》、康□

とあり、菩薩戒苾芻《びしゅ》殊音の名と大施主として藤原兼光、制作した大仏師として康俊、小仏師として康成の名が記されている。康俊は運慶の流れを受け継ぐ慶派《けいは》の仏師である。殊音は後の文観房弘真がこの頃にサインする場合に用いる名である。藤原兼光は伊賀兼光のことで、六波羅《ろくはら》探題《たんだい》の奉行人であったが、建武親政の時には記録所や窪所の要職についている。つまり鎌倉幕府側であるはずの要人であった伊賀兼光が文殊菩薩造立の際に費用などを寄付する檀越《だんおつ》となり、金輪聖王の御願成就のために造立された像として名高い。

　膝矧合に「金輪聖王の御願成就」との意図が記述されるが、その前文にある「法界衆生のために菩提心を発する」ことが文殊菩薩像の造立目的であり、末尾にも「仏子は発心堅固にして造立し奉るところなり」とある。「発心」も菩提心と同じ意味であり、「菩提心」や「発心」が強調されていることがわかるが、それは文殊菩薩に対して西大寺流にみられ

る一貫した基本姿勢であり、西大寺流の僧が文殊菩薩に対して願う心である。

天皇の御願

一方、一般的にはこの文殊菩薩像の造立について、金輪聖王が後醍醐天皇を示し、伊賀兼光が檀越であるので、天皇の御願成就のため、ひいては正中《しょうちゅう》の変とされる鎌倉幕府の打倒を目的として造られた像であると解釈されている。しかし、この「御願」は天皇親政の成就を願うものだろうし、王法という通念であるようにも思われる。倒幕祈願はこの「御願」の文字と正中の変とされるものだけから読み取られたのであり、あくまでも西大寺流において造立された文殊菩薩像であり、文殊菩薩の作風から考えても、そこに鎌倉幕府打倒の願意を読み取ることはやや難しいと私は考えている。

また、父・後宇多院が報恩院流憲淳から付法を受け、さらに過去には亀山院が西大寺叡尊に受戒した点や、諸僧が天皇のためにいろいろな祈禱を勤めることが当時の当然の風潮である。天皇と密教が緊密であり、道順が後宇多法皇にかわいがれ、その弟子の弘真と後醍醐天皇の関係であれば、弘真が八字文殊菩薩像を法界衆生の発菩提心のために造立し、そこに当今《とうぎん》天皇の親政という願意が追記されても自然な流れと考えるべきではあるまいか。すなわち檀越の伊賀兼光に倒幕の願意があったかはまた別問題であり、般若寺文殊像に秘められた後醍醐天皇の倒幕に対する意を読み取ることはたいへん興味深いのであるが、経蔵本尊として造立された八字文殊像にそこまでの意があるようにはどうしても思われないのである。

経蔵は寺院にあって経典や聖教類などを収蔵しておく倉庫のことで、「三人よれば文殊の智慧」との諺があるように、智慧の文殊という性格から本尊とされたのである。般若寺だけではなく、経蔵本尊として造立された文殊菩薩は作例も多い。奥州藤原三代の栄華を極めた寺院として名高い中尊寺の経蔵本尊、鎌倉時代十三世紀の宮城・新宮寺の文殊五尊像、また、もと生駒（奈良）・竹林寺の像であったが退転の後、唐招提寺《とうしょうだいじ》に移り、現在では経蔵に安置されている、鎌倉時代十四世紀の制作と思われる文殊五尊像などがある。

さて、この年、六月二十五日、後宇多法皇が崩御《ほうぎょ》した。そして九月十九日、日野資朝《ひのすけとも》、俊基《としもと》が鎌倉幕府に捕えられた。秘密裏に後醍醐天皇による倒幕の動きがあったとされ、これが正中の変とされるのだが、『太平記』の記述に基づくもので、後醍醐天皇にこの時期に倒幕の明確な意志があったのか不明である。倒幕の動きとは九月二十三日に北野祭を利用して六波羅探題を急襲するとの計画であったとされる。六波羅の奉行人に情報が漏れ、土岐頼兼《ときよりかね》、多治見国長《たじみくになが》が討たれ、日野資朝、俊基が捕えられたのだった。後の元弘《げんこう》の乱も密告による情報漏れがあった。二度の乱（変）がともに情報漏れというならば、あまりにもおそまつな情報管理である。結果として資朝は佐渡に配流となったが、後醍醐天皇には不思議に幕府からの沙汰はなく、俊基も戻っている。この点に関しても正中の変とされるものを疑問視する研究者もいる。(3) 後の元弘の乱のような幕府の厳しい沙汰が後醍醐天皇に対してないことから考えても、正中の変は『太平記』が面白可笑しく仕組んだストーリーと思えるのである。

仁王経秘法

後醍醐天皇が元亨三年（一三二三）勅して弘真を参内させてから、たびたび弘真が参内するようになる。

先にも引用したが、『瑜伽伝燈鈔』によると、

正中二年十月、金輪聖皇に印可ならびに仁王経秘法を授け奉る、すなわち賞として内供奉に任ぜらる、嘉暦《かりやく》二年十月、仁寿殿《じじゅうでん》において重ねて両部伝法灌頂職位を授けたてまつる、即坐に宸筆《しんぴつ》を染められ、賞し権僧正に任ぜらる、沙金五十両を下賜おわんぬ

とある。「金輪聖皇」は天皇のことである。密教の尊格のなかに金輪仏頂という最高尊が

いる。仏の頂＝仏智の徳が尊格化されたもので、最上尊である。姿は大日如来とほとんど同じで、周囲に金の輪宝をめぐらす大日金輪が知られる。即位灌頂も大日如来の印と同一の智拳印《ちけんいん》を結ぶのであり、天皇もこう称されたのである。これは後醍醐天皇だけではなく、天皇に対する一般的な呼び方である。

さて、正中二年（一三二五）十月、後醍醐天皇は文観房弘真より印可と仁王経秘法を授けられ、その報奨として内供奉《ないぐぶ》に任じている。ここでは報恩院流の印可を後醍醐天皇が手にしたのであろう。すでに後醍醐天皇は正和二年（一三一三）に報恩院流の道順から印可を受け、さらに勧修寺流の栄海よりも印可を受けているので、複数人から受ける重受というこことになるが、他流や多くの阿闍梨から印可を求めるのはこの時期の事相僧ではめずらしいことではない。しかし、事相僧にとっては当然であるとしても、政務の実権を握る治天の君が、しかも僧体ではなく、俗体で重受という点も注目されるところである。ここに後醍醐天皇の印可好きがみてとれる。

後醍醐天皇が受けた仁王経秘法は国家鎮護のために修する最大の秘法であるので、治天の君に授けたのであろう。とはいえ、治天の君が自ら壇に臨んで修する秘法でもない。どちらかといえば天皇が僧に修させ国家安泰を祈願させる法である。ここで問題なのは文観房弘真から進んで後醍醐天皇に印可と仁王経秘法を授けたのか、それとも後醍醐天皇から

密教付法図

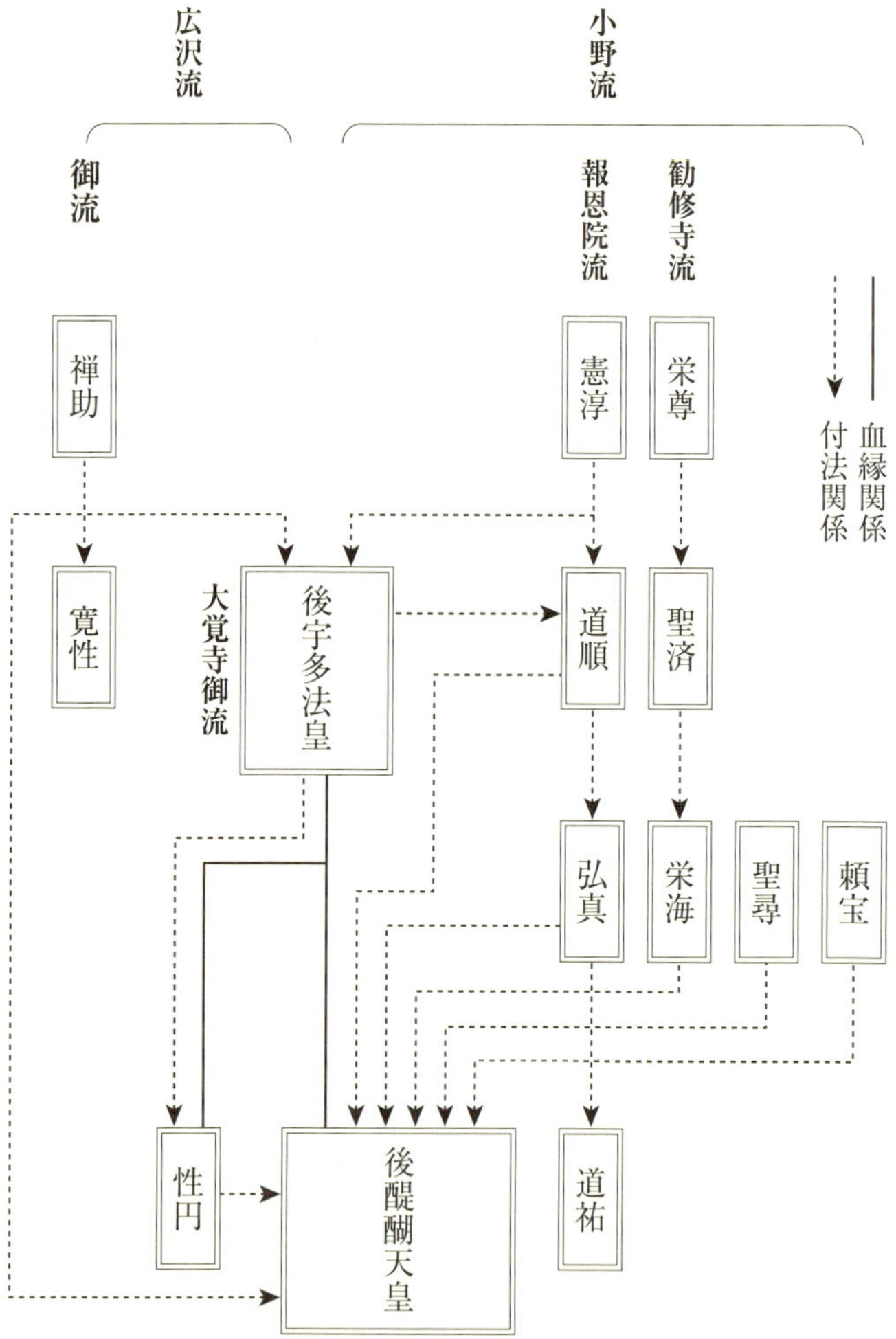
広沢流
小野流
御流
報恩院流
勧修寺流
血縁関係
付法関係
禅助
憲淳
栄尊
寛性
大覚寺御流
後宇多法皇
道順
聖済
弘真
栄海
聖尋
頼宝
性円
後醍醐天皇
道祐

強く求められて授けたのかという点である。前者と解釈すれば、天皇に積極的に近づいたということになろうし、後者と解釈すれば後醍醐天皇の密教没頭を弘真が助けたとみなすことができる。この点が歴史の面白い点で、史料をいかようにでも料理できるのである。

報奨として下賜した内供奉は十禅師とも称される僧位で、いわば宮中の御用僧侶という意である。これとて望んだのか、単なる報奨なのかで意味合いは大きく異なろう。

今まで見てきたように、一人の阿闍梨から何度も灌頂を受け、印可を授けられることのなかった後醍醐天皇であるが、弘真との関係の場合、度重なる点で注目されるところである。実際、この後も密接な関係が続いたのであった。

両部伝法灌頂

ついで、嘉暦《かりやく》二年（一三二七）十月には宮中の仁寿殿にて後醍醐天皇は弘真に両部伝法灌頂職位を授けられている。密教にとって最重要である金剛界と胎蔵の両部の教義について会得したということである。仁寿殿は天皇の身体（玉体）の安穏を祈願する護持僧が詰める場であった。仁寿殿を『門葉記《もんようき》』巻第四十、仏眼法《ぶつげんほう》の指図《さしず》からみると、大壇、護摩壇、小壇、そして阿闍梨座をしつらえ、寺院の護摩堂とも思える内部である。それは紫宸殿《ししんでん》や清涼殿《せいりょうでん》も同じで、清涼殿には十二天壇、聖天壇《しょうてんだん》も設置されている。これをもって富小路の内裏が特段に密教仕様というわけでもなく、中世の内裏は護摩を修することができる場であったようである。

しかしそこは限られた僧だけが出仕できるところであり、その特別ともいえる特定の場での灌頂は注目すべきである。というのも通常は弟子が伝法の場に参じて、阿闍梨から灌頂を受ける。灌頂堂で灌頂が行われる。そのための灌頂堂であり、これは灌頂の通例である。師と弟子という立場上それは当然である。だが、後醍醐天皇の場合は、受ける身の後醍醐天皇が自らの居住の場に阿闍梨を招いての受法である。否、呼び出しとも言ってもよかろう。当然ながら仁寿殿を灌頂道場の場として選んだのは弘真ではなく、あくまでも選べることのできる後醍醐天皇であり、宮中は国家の象徴である。ここでの灌頂も文観房弘真に仁寿殿で両部伝法灌頂職位を授けさせ、自らが最高位の阿闍梨に上り詰めた、と言い直してもよさそうである。

灌頂が終わると後醍醐天皇はすぐに筆を染め、権僧正に弘真を任じて褒美とした。先に内供奉に任じ、今回が権僧正である。後醍醐天皇に灌頂を行うたびに僧位が与えられているが、周囲からみればねたみそねみの対象となったことは容易に想像がつくであろう。

また、砂金五十両も与えられている。この砂金五十両がどのくらいの値段かというと、やや時代がさかのぼるが、西大寺の叡尊によって記された自叙伝である『感身学正記《かんじんがくしょうき》』を参考にすると、建治《けんじ》二年（一二七六）の条に高雄曼荼羅の模本を制作するにあたっての「砂金十両」の言葉がみられる(4)。

仏画を制作する過程には、まず紙に描くのか、それとも絹に描くのかの用材選択があり、当然、絹のほうが値段が高い。その次に、墨線だけの下絵の段階と金色を含めたさまざまな絵の具が用いられて彩色を施す段階がある。仏画の場合、下絵は仏菩薩の姿を決定する重要な事柄であるが、制作費の面からいえば、墨だけは安価である。彩色には多種類の絵の具を用いるので、材料のほうに経費がかかるのである。金色が用いられればなおさらである。しかもこの場合、両界曼荼羅《りょうかいまんだら》であるので、大きさも仏画のなかでは最大級のサイズであり、金剛界と胎蔵の二幅の制作に関わる費用である。特に空海が初めて描かせた根本曼荼羅の高雄《たかお》曼荼羅の場合は縦約四メートル、横約三・六メートルもの法量であるので、使用される絵の具の量も極めて多い。西大寺は鎌倉時代中期に叡尊によって復興された寺院として有名であるが、それでも両界曼荼羅の彩色がはかどらないほどの経済力しかなかったのであり、それが篤志家によって寄付を受け、曼荼羅の彩色が可能になったのである。

その費用が砂金十両であるので、後醍醐天皇が報奨として与えた砂金五十両は五倍の金額であり、推して知るべしの価値であろう。

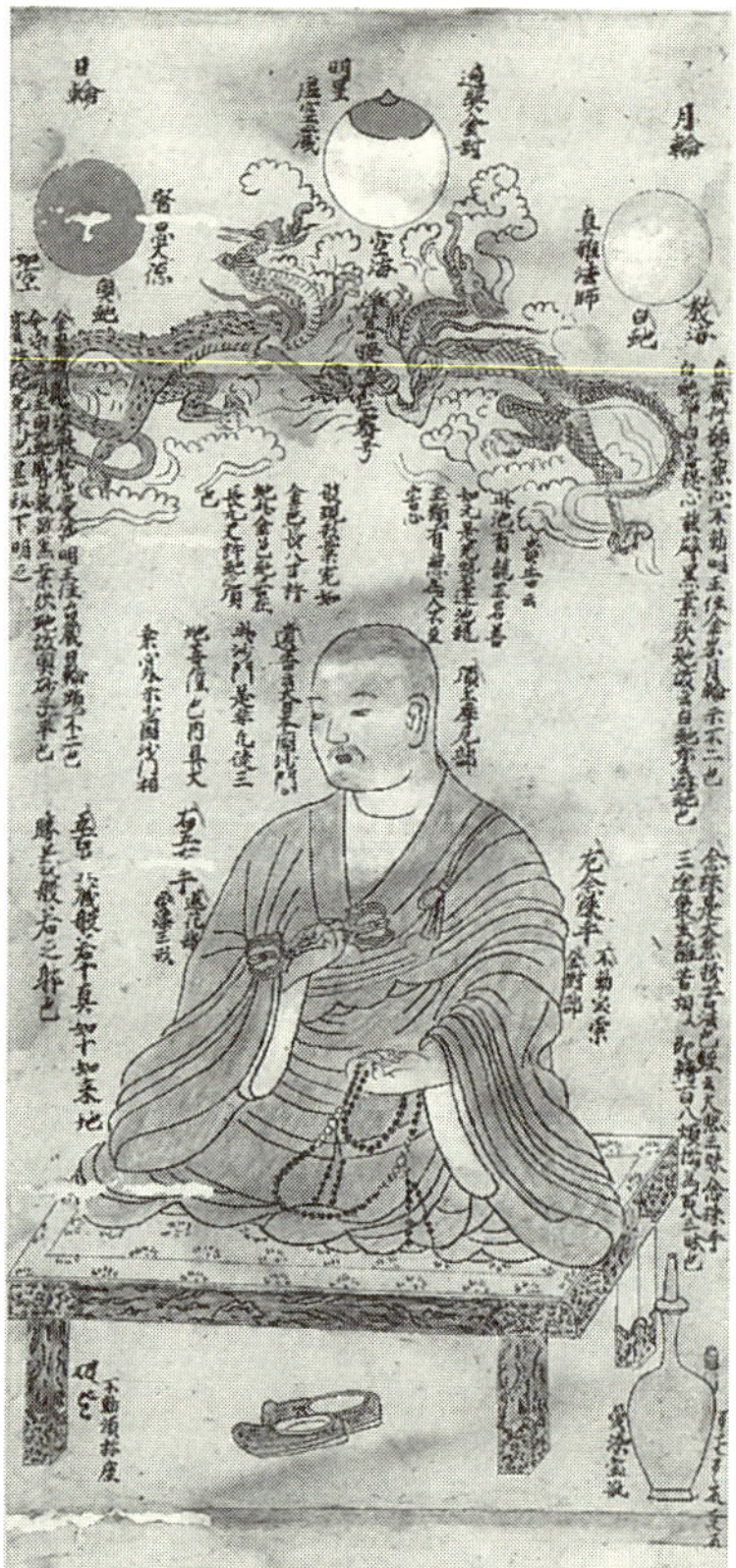

図11　『御遺告大事（東長大事）』
（慈眼寺蔵）

『御遺告大事（東長大事）』

さらにこの十二月二十一日には文観房弘真は師の道順より伝授された『御遺告大事《ごゆいごうだいじ》（東《とう》長大事《ちょうだいじ》）』（図11）を改めて後醍醐天皇に伝授した。その奥書には、

嘉暦二年十二月廿一日、密々の御修法の間、禁裏仁寿殿第三対において、当流のおんために、最極大事にして嫡々相承の秘奥、付法一人のためにこれを記す。写瓶《しゃびょう》の外は

開き見るべからず々々々　この言に違わば、両部諸尊と大高祖が知見し罰を証したまわん。重々秘決すること別にこれを記す

とあり、「主上」や「当今」というような後醍醐天皇を示す語句はないが、先に灌頂を行った宮中の仁寿殿である点や「禁裏仁寿殿第三対」や「御修法の間」、「当流のおんため」との文言から、後醍醐天皇のためにこの『御遺告大事』を記したことは明らかであろう。『御遺告大事』については阿部泰郎氏の論考に詳しいが[5]、この書は道順の「口授」を記したとほかの奥書にはしたためられているものの、実質的には文観房弘真の著作と認めてよいものであるという。

『御遺告大事』は空海仮託の『御遺告』に基づいて、図像などを多く挿入してわかりやすくした注釈書である。『御遺告』の部分的なビジュアル・ブックと称してよい。『御遺告』が空海に仮託されたものなら、この『御遺告大事』にいたってはまったくの偽書ではないか、と言ってしまえばそれまでなのであるが、『御遺告』が空海の真筆とされていた以上、この『御遺告大事』もそれに次ぐ重要書だったのである。現在知られている弘真自筆の原本はなく、写本は、群馬・慈眼寺《じげんじ》本や実践女子大学本であり、弘真自筆本がさらに転写されたものである。慈眼寺本は弘真の転写本とはいえ、なかでも空海御影や宝珠、龍、

五輪塔などの図像が簡略な色をともなって鮮やかに描き込まれ、もともとの原本が、図像や画像など多くの美術作例を遺している文観房弘真ならではの秘伝書であったことを想像させてくれる。内容はいわば鎌倉時代に隆盛しはじめた弘法大師信仰と宝珠信仰を合体したような体裁になっている。また、宝珠・不動・愛染の三尊合行という秘伝の書としても知られる。東寺の舎利奉請や後宇多院の熱烈なる弘法大師信仰を受け継ぎ、そしてこの時期の『御遺告』の重要さなどの点を考えれば、『御遺告大事』が後醍醐天皇にとってのどから手が出るほど無心する書であったことは想像にかたくない。後醍醐天皇は両部伝法灌頂職位を得て、次にこの秘伝書『御遺告大事』をも手中にし、おそらくそれは父・後宇多院の大師信仰を超えた気持ちだろう。

なお、この如意宝珠と王権については、次に述べる愛染明王にも関連することである。

『瑜祇経』と愛染明王

さて、話は前後するが、嘉暦二年（一三二七）の六月には六波羅探題の奉行人である真性《しんしょう》によって、現在MOA美術館が所蔵する愛染明王画像（図12）が描かれ、六月一日に後醍醐天皇のために奉納されている。(6)

軸装の仏画は通常では専用の桐箱に収納されている。軸装が修理される時に、桐箱も新

図12　愛染明王画像（MOA美術館蔵）

調されるのが常だが、その折りに古い箱に記されていた銘文だけが残され、新調された箱内に一緒に保存されていることがある。それはとても良い対処法で、古い銘文が記録として信頼できるデータになりうるのである。修理で捨てられては、伝来や由緒がまったく不明になってしまうが、幸いにもＭＯＡ美術館本にはそれが残されている。旧箱書きによると伝来は仁和寺となっている。

旧内箱蓋の表墨書には、

愛染明王尊像　高祖大師の真筆なり　五智山蓮華寺

とあって、「高祖大師の真筆」とある。これは高祖大師、つまり空海がこの画像を描いたという意味ではなく、空海が描いた愛染明王図と同一の姿をした愛染明王との意である。絵画の銘文には「真筆」という語句がしばしば用いられるが、その人が実際に描いたという限定された意味と、同一の姿・かたちをしているという少々広い意味で用いられている場合がある。ここでは後者の意で用いられている。厳密に言えば「空海様」「大師様」という語句が用いられるが、いずれにしても同一であるとの点が重要視されているようである。そして当時、所蔵されていたのが「五智山蓮華寺」であることがわかる。

同じく内箱蓋の裏墨書には、

愛染明王尊像一鋪、高祖大師の御真筆にして仁海《にんがい》僧正が銘を書かれらる後醍醐帝が御崇敬の旨なり　嘉暦二丁卯年法師真性が自筆をもって軸の内にこれを書し記す　現住光輪謹誌
安永二癸巳年四月吉辰、修補を加えるの間により、軸に相承の来由、これを見らる、よって新造箱に銘前を担い、もっとも当山相伝の什宝となす（後略）

であり、五智山蓮華寺の光輪という僧が安永《あんえい》二年（一七七三）に記したものだが、それによると、修理のために軸がはずされ、その銘文の内容が確認されていたことがわかる。

さて、MOA美術館本は縦一三七・六、横九〇・三センチで、この時期の画像としては比較的大型な画幅といえる。幸いなことに今の箱の中に古い軸木も残されており、その内側の墨書に、

愛染王像は高野大師の御筆の由　仁海《にんがい》僧正御房　銘を書からるの間、当令御崇敬の本尊ヲ（中略）嘉暦二年丁卯六月一日戊辰鬼土宗像三郎兵衛尉重業法師法名真性大師御筆、これを

とあり、前半部は高野大師・空海御筆でしかも小野流の祖・仁海僧正銘の画像があり、そして当今の天皇、すなわち後醍醐天皇が崇敬している本尊であることが記されている。愛染明王画像として真言密教のもっとも正統的な由緒をもつ図像を手本として描かれたということである。後半部は、それを嘉暦二年六月一日に宗像三郎が奉納した旨を記している。奉納日である六月一日は鬼宿とされ、愛染明王にとって最上とされている日で、いわば縁日に近い意味がある。真性は奉納すべき最高に良い日を選んで奉納したのである。この点も後に述べるように、縁日を好む後醍醐天皇が喜んだものなのかもしれない。

奉納者、宗像真性

ところで、奉納者の宗像兵衛尉重業・真性については同年八月の『東寺百合文書《とうじひゃくごうもんじょ》』に六波羅の奉行人《ぶぎょうにん》として名がみえる。いわずもがな六波羅探題は朝廷監視のために承久《じょうきゅう》の乱の後に設置された施設であり、鎌倉幕府の出先機関である。その鎌倉幕府の用人である奉行人が後醍醐天皇崇敬の愛染明王図をこの時期に奉納している点が注目されるのである。

さらに真性は丹後・金剛心院《こんごうしんいん》に伝来する元亨四年（一三二四）の六波羅制札（木札）の

裏面中央に、

奉行人宗像三郎兵衛入道真性

清書同四郎重基

とやはり六波羅の奉行人としてその名が見える。金剛心院は現在の京都府宮津市にある古刹であり、寺伝によると永仁《えいにん》二年（一二九四）忍性《にんしょう》の開基である。忍性は西大寺叡尊の弟子であったが、叡尊の命を受けて関東にくだり、鎌倉・極楽寺を繁栄させたことで知られる。

本尊は木造愛染明王像だが、この像は応長《おうちょう》元年（一三一一）に後宇多天皇が施入したと伝えられており、作風からもその頃に制作されたものだという。一方、金剛心院造営の願主は後宇多院の妃千手姫であり、当地の谷村城主松田頼盛の女である。元亨二年には伽藍が整いはじめ、嘉暦三年（一三二八）九月九日には後醍醐天皇が金剛心院にて曼荼羅《まんだらく》供を修したと伝えられている。金剛心院は忍性開基で、愛染明王を本尊とし、後宇多・後醍醐両天皇との縁が深い寺院なのである。

また、この奉行人真性は先述の般若寺文殊菩薩像の造立施主だった伊賀兼光が六波羅引《ひき》付頭人《つけとうにん》の時の奉行人という関係にある。引付頭人は六波羅探題で裁判を行う引付衆の責任者であった。奉行人はその下で働く者である。六波羅探題において引付頭人と奉行人との間には、烏帽子《えぼし》親《おや》といった仮親的な緊密な関係があるという[7]。となると、この真性はなおさら後醍醐天皇側にいた六波羅奉行人ということになろう。

根津美術館蔵愛染明王画像

このMOA美術館本愛染明王画像とそっくりなのが、後醍醐天皇宸筆の偈文があるとされる根津《ねづ》美術館蔵の愛染明王画像（図13）である。サイズもほとんど同一である。画面の上部に記された後醍醐天皇の偈文は『瑜祇経』を典拠とするもので、向かって右に、

若持愛染王　根本一字心此障即（速）除滅不得少親近　（種子）

向かって左には、

（種子）若纔結一遍、及誦本真言、能滅無量罪能生無量福

図13　愛染明王画像
（根津美術館蔵）

と記される。この偈文の内容は、愛染明王の根本的な種子である「〓」を心に願えば、罪障が速やかに滅し、また、もしわずかでも「〓」を念誦すれば、無量の罪は滅し、無量の福が得られるというものである。つまり、滅罪得福をあらわす愛染明王で、まるでおめでたい吉祥画のようである。明王というとなにやら降伏の恐ろしいイメージだが、愛染明王の場合は福徳円満の本尊となる。

　さて、この偈文の位置を考えると、計画的に記したというよりも、愛染明王画像の制作終了後になんらかの理由によって余白に賛が記された感じがする。かならずしも記さなくてもよさそうであるので、慣例として記されたと思われる。想像をたくましくすれば、画像が完成した後に後醍醐天皇のもとに持参し、記されたということであろう。

　根津美術館本は、描線をはじめとして、描写は優美であり、柔らかく繊細な彩色である。その点でやや線などが堅いＭＯＡ美術館本より制作年代が若干古くなると思われる。この愛染明王図は先の銘文で知られるように、小野僧都と称された仁海にまつわる図像でもあり、それを基本として描かれたものという。仁海は小野流の祖であり、醍醐寺にとっては空海、聖宝、仁海が重要なのであるが、特に愛染法は仁海の時に信仰が発展したのであった。すなわち空海―仁海と相伝された由緒ある図像を用いて描いた愛染明王画像なのである。ここでも制作背景に空海という存在を求める後醍醐天皇の姿勢がみられるのである。

また、「当今御崇敬の御本尊」と後醍醐天皇が崇敬していた愛染明王のタイプなのであるから、このタイプの愛染明王像が後醍醐天皇の近辺にあったはずであるし、また、周囲にそう知られるほどに崇敬していたことも有名だったのだろう。

また、そのほかに両画像は左第三手に三弁宝珠を載せる点も特色である。現在知られているものでは拳印のほかでは日輪を載せる形式が多く、宝珠のタイプは限られている。宝珠は福徳を願い、利益を増幅させる増益法に用いられる。画像制作の背景にいた僧として私は弘真を想定しているが、それも不自然ではあるまい。

後醍醐天皇に関係する愛染明王画像が二件も見いだされることは、やはり愛染明王を説く『瑜祇経』について考えなければならない。不動明王に帰依しなかったとは言い切れないが、同じ明王でも愛染明王である点がポイントなのである。と同時に三弁宝珠を手にする福徳の愛染で、空海にまつわる点に注目しておきたい。数ある画像や彫像の愛染明王像のなかで、特に空海と関連を求めている点が留意されるのである。

禅助に相談

この年、元徳《げんとく》元年（一三二九）の暮れ、後醍醐天皇による禅助《ぜんじょ》宛ての消息（手紙）が仁和寺に残されている。禅助に消息を宛てた理由は、この時に東大寺による朝廷への強訴《ごうそ》があり、予定していた年末の結縁灌頂と翌年の宮中真言院での後七日御修法《ごしちにちのみしほ》が中止せざるをえない状況になったのである。というのも後七日御修法を大阿闍梨として勤める東寺長者は、東大寺東南院の聖尋《しょうじん》が兼務していたのである。聖尋は東大寺別当《べっとう》や醍醐寺座主《ざす》第五十九代にもなった高僧で、この年の六月二十九日に宮中仁寿殿で仁王経法を修しており、後醍醐天皇から信任が篤い僧であった。嘉暦三年（一三二八）の東寺仏舎利奉請《ぶじょう》では東寺長者として一粒分与される存在でもあった。

その聖尋が、東大寺東南院院主という立場上、東大寺による強訴では、東寺の大阿闍梨として後七日御修法の勤めをすることができない事態が生じたのであった。その困った状況で、後七日御修法の代理として成助の名をあげ、どうしたものかと尋ねたのがこの書状である。「何事にそうろうや」ではじまるこの消息文からは後醍醐天皇の当惑がうかがい知れるし、最後に「賢察にまかせそうろう」で締め括られる点も禅助に対して、全面的に英断を望む後醍醐天皇の姿勢が知られる。国家の安泰を祈願することを目的として、空海の時から脈々と修されてきた後七日御修法を中止させるわけにはいかないのである。

結果的には十二月末、聖尋を大阿闍梨として結縁灌頂が行われ、翌元徳二年の後七日御修法は成助を大阿闍梨として行われたのであった。成助は禅助の付法であり、無事に御修法が完了されたのであった。

ここで注目されるのは、父・後宇多院の師であった禅助にきちんとお伺いをたてている点である。結縁灌頂と後七日御修法については後醍醐天皇といえども、中止や延期、人選などについてはそう簡単にことを決めることができなかったのであり、禅助に事態の収拾を委ねていたのである。後醍醐天皇の性格に関しては常に強きで、断定的であったように述べられることも多いが、父・後宇多院の灌頂の師であり、自らも許可灌頂を受けた禅助に対しては従順であるかのような印象である。後醍醐天皇といえども密教の巨匠には頭があがらないといったところであろうか。また、結縁灌頂についても、東大寺東南院の聖尋にも受けていたことがわかる。この結縁灌頂はいわば年中行事のように行われていたようであり、後醍醐天皇の結縁灌頂は記録に留めないものを含めれば、相当多くの阿闍梨と行われているようである。おそらく東寺長者からはすべて結縁灌頂を受けていたであろう。

なお、後醍醐天皇と禅助には、後宇多院が亡くなった元亨四年（一三二四）に記したと思われる消息文に父親の没した寂しさを綴った内容があり、親しく敬愛していた関係がみられる。

3　後醍醐天皇と瑜祇灌頂

瑜祇灌頂

元徳《げんとく》二年（一三三〇）の十月二十六日には宮中の御《ご》（五）節所殿《せちどころでん》において、後醍醐天皇は文観房弘真より瑜祇灌頂を授けられた。『瑜伽伝燈鈔《ゆがでんとうしょう》』に、

元徳二年十月廿六日、御節所殿において瑜祇灌頂を主上に授けたてまつる、神武《じんむ》天皇の御冠、仲哀《ちゅうあい》天皇の雷服《らいふく》これを着御せらる、僧正は東寺に相承の袈裟《けさ》、これを着用す

と記されている。ここでも灌頂を受けた場が宮中の御（五）節所殿である。瑜祇灌頂とは主に『瑜祇経』二巻のうちの上巻序品に基づいて行われる灌頂である。灌頂を受ける者は覆面して投花を行い、さまざまな印を結び、『瑜祇経』に説かれる金剛界三十七尊の三昧《さんま》耶形《やぎょう》と種子《しゅじ》二十二種を順次に観想していき、師から印明を授かる過程が行われる。三昧耶形とは密教の尊像を法器の金剛杵《こんごうしょ》や輪宝《りんぽう》、金剛鈴《こんごうれい》などの形であらわしたシンボルである。その三昧耶形や種子を心の中に想う観想という行をしなければいけないので、密教を熟知

していなければ受けられるものでもない。灌頂のなかでも結縁灌頂や伝法灌頂をすませた後に行われるもので、究極の灌頂と称してよかろう。後醍醐天皇にしても、道順や栄海、性円から灌頂を受けており弘真からも印可と仁王経《にんのうきょう》秘法を授けられ、さらには両部伝法灌頂も授けられているので、密教付法者としてはすでにベテランの事相僧と同格である。それゆえに瑜祇灌頂を受ける資格があり、灌頂へと至ったのである。これらからみれば、真言阿闍梨としての手順をきちんと踏んで瑜祇灌頂を受けたと言ってよかろう。ただ、繰り返すようだが、世俗の身であったというだけである。それが問題だと言われればそれまでだが、いきなり最秘の瑜祇灌頂を受けたのではなく、受けるべき段階を経て受けているのである。

そもそも『瑜祇経』はさきの愛染明王画像のところでも見たが、最秘経典として最重要視される儀軌《ぎき》である。その『瑜祇経』を典拠とする瑜祇灌頂は、いわば密教の最高到達点と言えようか。最終到達点には即身成仏があるが、これはこの時期の後醍醐天皇の望むところではなかろう。

皇太后に伝法灌頂と瑜祇灌頂

さて、後醍醐天皇への瑜祇灌頂についで、約一か月後の十一月二十三日には霊夢の告げ

により宮中の仁寿殿にて、皇太后に伝法灌頂と瑜祇灌頂が弘真によって授けられた。『瑜伽伝燈鈔』に、

同十一月廿三日、仁寿殿において御霊夢の告げによりて皇大后に御灌頂ならびに瑜祇御灌頂、これを授けたてまつる、主上に教授せし御勤は三国にいまだ聞かざる例なり

とある。ここでの皇太后は後醍醐の后、中宮禧子《きし》のことであろうか。この時点では、禧子は皇太后になっておらず、皇太后となるのは元弘《げんこう》三年（一三三三）六月のことで、後醍醐天皇が隠岐《おき》に流された後に帰京してまもない時である。しかし、『瑜伽伝燈鈔』が後の編纂であることを考慮すれば、最終的に皇太后となった中宮禧子をそう称しても問題はない。『瑜伽伝燈鈔』には主上に教授する御勤《ごきん》は三国、つまりインド・中国・日本のいずれにても、その例を聞かない勝事と評価している。後醍醐天皇と皇太后に瑜祇灌頂を授けたことが三国一のことなのである。

「御霊夢」とあることから、後醍醐天皇か皇太后の霊夢であろうか。少なくとも弘真の霊夢ではない。ということは、中宮禧子は結縁灌頂や伝法灌頂を済ませていなくても突如として瑜祇灌頂を受けたことになる。しかも「御灌頂ならびに瑜祇灌頂」とあるから、同

時に授けたのであろうか、これはかなりの強行なものである。しかし、「御霊夢の告げ」とあらば、弘真はことわるわけにもいくまい。「夢」は現代の我々が想像する以上に、なににもまして尊重されるべきものであった。それが主上の「霊夢」というお告げであるならばなおさらである。つまり、中宮禧子への瑜祇灌頂も後醍醐天皇に求められて授けたものであろう。一連の灌頂が後醍醐天皇側の要求に基づくものであることが明白である。

それにしても後醍醐天皇は瑜祇灌頂をよほど気に入ったのであろうか。それ故に「霊夢」として自らの中宮にも伝法灌頂と瑜祇灌頂をセットで受けさせたのであると思われる。

瑜祇灌頂の作法

ここでしばしば述べた瑜祇灌頂の作法の概略を神奈川・称名寺《しようみようじ》本の『瑜祇灌頂私記』からみてみよう。まず阿闍梨が入堂し、次に礼盤《らいばん》と称される座に着し、必要な印を結んだりする。そして阿闍梨は礼盤を降りて受者を堂内に招き入れ、師資ともに両界曼荼羅に礼拝する。阿闍梨は受者に赤色の覆面を頭にかぶせ、しっかりと結び、阿闍梨は金剛界三十七尊等の一字明《いちじみよう》というもっとも肝心な呪文を授け与える。次に投花を行う。そしてさまざまな印明を与え、礼盤の前に八葉の座を敷いて、受者はこれに坐すという。阿闍梨は五鈷杵《ごこしよ》（金剛杵）を受者に授け、受者は『瑜祇経』に記される十五尊の印明を誦し、そして自分の身を如来や菩薩と同じであると観じ、阿闍梨は大日の真言から誦して、三昧耶形を順番に授けるという。受者は両手に受け取って、それぞれの一字明を誦して、この十五尊の三昧耶形が虚空に擲《なげう》たれたのが戻って来て、そして掌中に入ることを観想する。これを順次行っていくという。最後が金剛界大日である。大日の三昧耶形は宝塔だから、宝塔が宙を舞い、自分の掌に戻ることをイメージするのである。実際には三昧耶形を想像するのも難しいので、円形に切り取られた三昧耶形の図形を一枚ずつ手にして、それを見て心の中に思うことを行う。最後に阿闍梨と受者、つまり師資ともに大師等に礼をして、退出となる(8)。やや難しい内容となったが、これを後醍醐天皇は行っているのである。密教に習熟していなければできるものでもあるまい。

ここで注意したいのは、礼盤の前に「八葉の座」を敷き瑜祇灌頂の受者が坐し、自分が仏身であることを観ずることである。自分はホトケなのである。

後醍醐天皇が瑜祇灌頂を受けた時は神武天皇の御冠と仲哀《ちゅうあい》天皇の雷服を着し、文観房弘真は東寺に相承されている袈裟を着用したという。ほかの史料によると、後醍醐天皇は東寺伝来で秘宝の犍陀《けんだ》穀子《こくし》の袈裟を着している。神武天皇の御冠と仲哀天皇の雷服という代物がよくわからない。初代の神武天皇と第十四代の仲哀天皇の遺品がこの時期まで残っているとも思えず、それと同形式の御冠と雷服であると思われる。

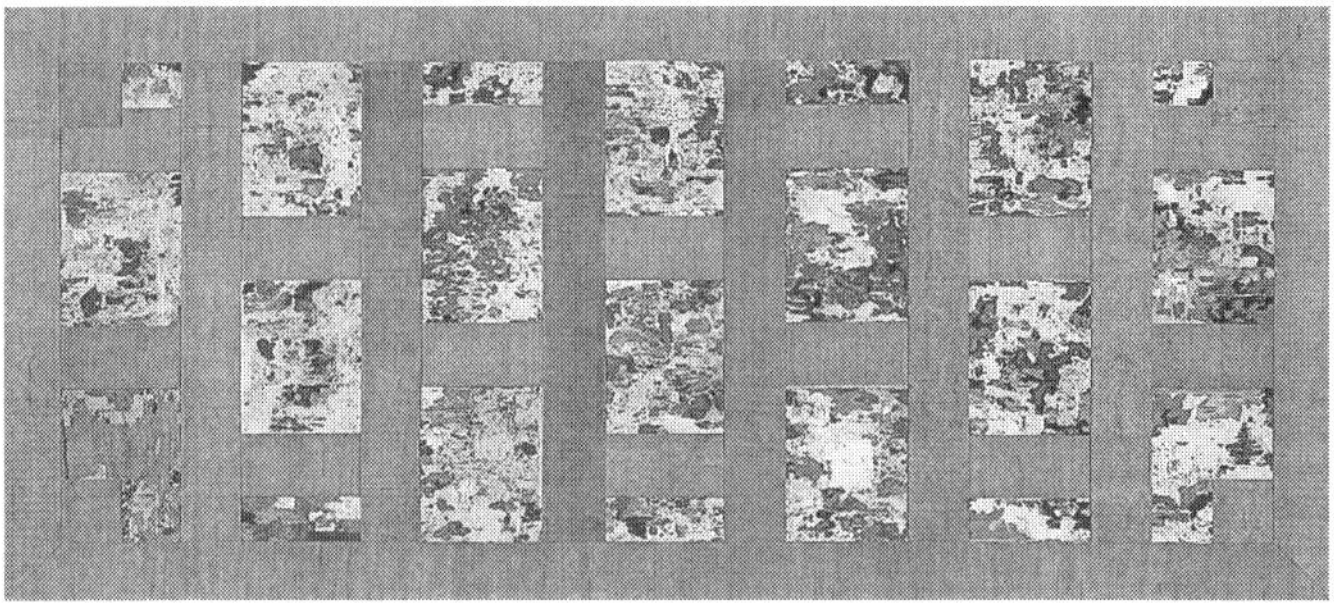

図14　犍陀穀子（教王護国寺蔵）

犍陀穀子

『瑜伽伝燈鈔』には、

　僧正は東寺に相承の袈裟、これを着用す

とあり、弘真は東寺相承の袈裟を着したと記されている。これがいずれの袈裟に相当するのか不明だが、東寺相承の袈裟であるので、それ相応に由緒と伝統ある袈裟であったことに違いない(9)。

　一方、東寺に重宝として伝来する袈裟に犍陀穀子の袈裟（図14）がある。青龍寺《せいりゅうじ》の恵果《けいか》が空海に与え持ち帰ったもので、袈裟を優れた弟子に与えることは中国仏教の慣例である。『弘法大師請来目録《こうぼうだいししょうらいもくろく》』にも「健陀穀子袈裟一領」とある。『東宝記《とうぼうき》』第二仏宝中にも、「一健陀穀子袈裟　御請来録云、□等異、本作亦　健陀穀子袈裟一領」とあり、今も東寺に伝来する国宝である。平安末期の仁和寺の学

僧賢清の『養和《ようわ》二年《にねん》後七日《ごしちにち》御修法記《みしほき》』養和二年（一一八二）によると、

乾陀穀子袈裟一帖（七条なり、緒《お》ありて、尋常《じんじょう》に似ず、実に希代の代物なり、甲並裏は紫の唐綾なり、但し根本の物にあらずか）

とあり、尋常のものではない希代の代物と評されていた。灌頂会と後七日御修法のとき以外は阿闍梨封として厳重に管理され、唯一東寺長者だけが取り扱うことのできる袈裟とされており、東寺の宝物のなかでも、伝来といい取り扱いといい、特別視された重宝であったのである。

この犍陀穀子はしばしば修理が施されている。布はそれ自体がもろく、保存が難しいが、まして着用されていれば傷みは大きくなってくる。『東宝記』第二仏宝中に、

修補事、四条院御于《ぎょう》仁治《にんじ》二年辛丑三月十七日、宣陽門院《せんようもんいん》の御願のためにこれを取り出される、急ぎ修補あり、（中略）、次に徳治《とくじ》三年、後宇多院の御灌頂の時、修補の沙汰《さた》これあり云々、去る嘉暦《かりやく》四年六月廿五日、丑剋、群盗宝蔵に乱入し、くだんの袈裟を盗み出す、裏絹を分け取り、七月一日、表衲を寺辺に捨て置きおわる、先づ寺僧の沙汰

となし、御影堂に入りたてまつるの刻、予親しくこれを拝見す、その後内裏に渡したてまつる、修補あり、寺家に返し入られおわる、

とあり、最初は仁治《にんじ》二年（一二四一）、四条天皇の時に修理され、次が徳治《とくじ》三年（一三〇八）後宇多院によるものだった。正月二十六日、仁和寺の禅助から東寺灌頂院で伝法灌頂を受ける時である。つまり修理をして着用できるものとし、その袈裟を着して伝法灌頂を受けるのが自分にとって正統な筋であると後宇多院は考えたのだろう。

そして後醍醐天皇が瑜祇灌頂を文観房弘真より受ける前年の嘉暦《かりやく》四年（一三二九）六月二十五日に東寺の宝蔵に盗人が入り、この犍陀穀子をはじめとした他の種々の宝物が盗まれている。だが、後に「表衲を寺辺に捨て置」かれていたところで見つかり、袈裟の裏地の絹だけ取られていたらしい。その後、後醍醐天皇が修理を加えている。そして翌年、弘真より瑜祇灌頂を受けるのであった。弘真より伝法灌頂を受けた嘉暦二年には犍陀穀子を着していないので、東寺重宝を身に付けるという点でもこの瑜祇灌頂が後醍醐天皇にとって大切なものだったと想像される。それにもまして父・後宇多院が伝法灌頂を受けた同じ袈裟を着し、瑜祇灌頂に臨む後醍醐天皇の意気込みを感じざるをえない。空海ゆかりで、東寺長者しか扱うことのできない袈裟を長者以外の者が着する、しかも親子二代で着した

時には感慨ひとしおだったことは想像にかたくない。

註

（1）橋本初子『中世東寺と弘法大師信仰』（思文閣出版、一九九〇年）。

（2）杉山二郎氏が「般若寺文殊菩薩像について」（『ミュージアム』一三三号、一九六二年、後に同氏『日本彫刻史研究法』所収、東京美術、一九九一年）のなかで、般若寺の文殊菩薩像の造立が、正中の変を示唆しながらも「御願」は「天皇親政」の意であるとした最初の論文である。それはひとえに八字文殊法に天変の修法があるからであるが、それは博識な杉山氏のユニークさであり、論文の主目的ではなかった。しかし、どうもそこだけが一人歩きしたように思える。

　この点を岡見正雄校注『太平記』や網野善彦『異形の王権』でさらに大きく解釈されていったようである。

（3）河内祥輔『日本中世の朝廷・幕府体制』（吉川弘文館、二〇〇七年）。

（4）内田啓一「和泉市久保惣記念美術館蔵胎蔵旧図様について――西大寺性瑜の事跡――」（『佛教藝術』二八六号、二〇〇六年）。

（5）阿部泰郎・山崎誠編『中世先徳著作集』（『真福寺善本叢刊』第三巻、臨川書店、二〇〇六年）。

（6）内田啓一「愛染明王画像二題――根津美術館蔵本とMOA美術館蔵本――」（『佛教藝術』二六八号、二〇〇三年）。

（7）森幸夫『六波羅探題の研究』（続群書類従完成会、二〇〇五年）。

(8)　内田啓一「『瑜祇経』所説の三昧耶形図」(『密教図像』十八号、一九九九年)。

(9)　新見康子『東寺宝物の成立過程の研究』(思文閣出版、二〇〇八年)。

第三章　鎌倉幕府呪詛と滅亡、流刑そして帰京

1　鎌倉幕府呪詛

中宮御懐妊と修法

後醍醐天皇の在位が十年を越した嘉暦《かりやく》三年（一三二八）二月、持明院統《じみょういんとう》の後伏見院は量仁《かずひと》践祚《せんそ》を幕府に訴えた。先の文保《ぶんぽう》の和議《わぎ》によって決められたように、大覚寺・持明院両統の交代は十年で守られねばならない条件であった。だが、後醍醐天皇にとって持明院統に皇位を譲らないため、また自らが天皇であり続けるためにも、倒幕が不可避だったと考えられている。このことは現在のほぼ定説となっている。文観房弘真《もんかんぼうこうしん》や恵鎮房円観《えちんぼうえんかん》らによる幕府呪詛《じゅそ》が、この後醍醐天皇の要請によって行われた。元徳《げんとく》三年（一三三一）四月、吉田《よしだ》定房《さだふさ》が六波羅探題《ろくはらたんだい》に謀叛とその首謀者が日野《ひの》俊基《としもと》であることを密告したことにより、幕府呪詛も露見したのであった。

話が前後するが、金沢文庫文書のなかに、百瀬今朝雄氏が元徳元年と判じられた(1)二通の

金沢貞顕《かねさわさだあき》書状がある。後醍醐天皇が自ら護摩を焚いて幕府を呪詛したとして知られる有名な文書である。そのひとつは十月頃と判じられており、それには、

一　中宮《ちゆうぐう》の御懐妊の事、実らずの間、御祈等止まれそうろうして、禁裏《きんり》一所ニ御坐の由、それ聞こしそうろう、実の事にそうろうや、承存すべくそうろうなり、

一　禁裏聖天供とて□□御祈候の由、承りそうろう、不審そうろう、同前

というもので、後醍醐天皇の中宮禧子《きし》の懐妊が実らなかったが、禁裏の一所にみなが集まっているのが不審であるという内容と、禁裏では聖天供《しようでんく》といって御祈がなされているが、これが不審であるというものである。□□の箇所には百瀬氏が他の文書から判断して、御自という文字が入るものと推定されている。通常なら密教僧が修法を担当すべきところ、後醍醐天皇自身が修法を行じていれば、それは不審であろう。修法を密教僧にさせているならともかく、自らが修している点が問題とされているのである。しかし、ここで疑問としたいのはその修法が息災や増益のように、いわば安穏を祈願する内容であっても俗体の後醍醐天皇が修することが不審なのであろうか、という点である。

この文書は『太平記』に記されている鎌倉幕府呪詛の内容を裏付ける文書として取り上

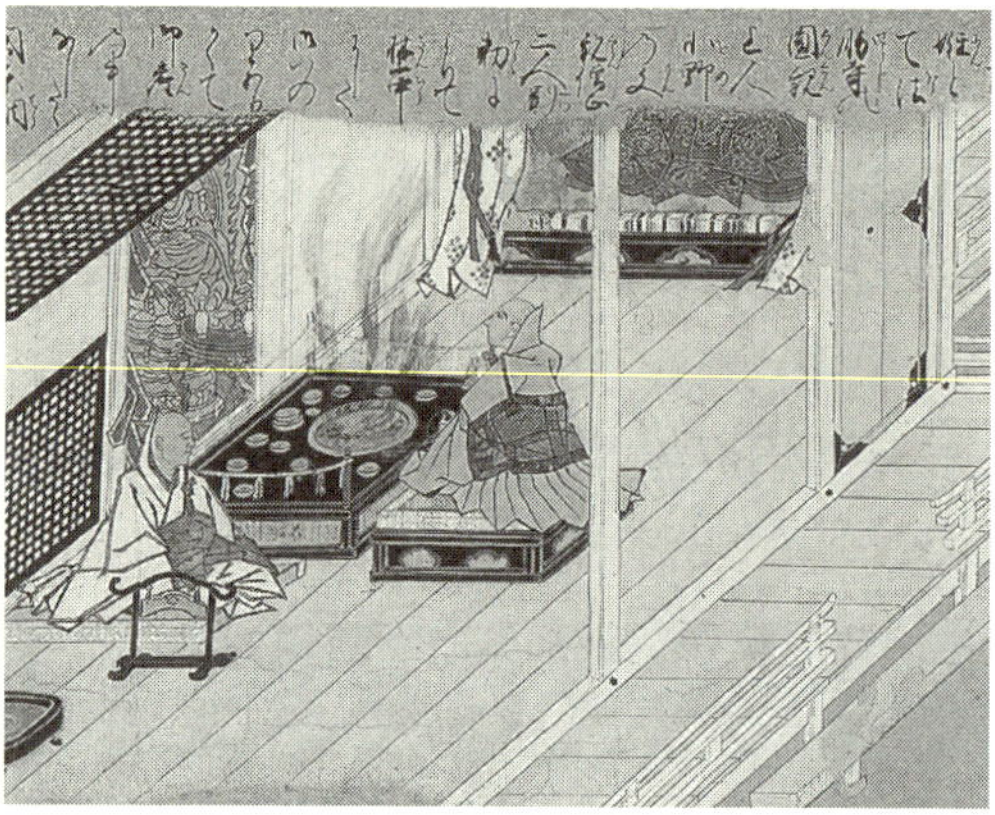

図15　『太平記絵巻』第１巻
（埼玉県立歴史と民俗の博物館蔵）

げられたのである（図15[2]）。

ここで、百瀬氏は聖天供に注目され、金剛《こんごう》寺《じ》文書《もんじょ》のなかから享禄《きょうろく》五年（一五三二）の願文を取り上げ、

大聖歓喜天浴油供一七ヶ日

右、悪人悪行速疾退散し、障難をなすもの微塵に摧破し、寺院安穏、仏法興隆せんがため

に注目され、聖天供が幕府調伏《ちょうぶく》のために修されたのであろうと推測された。しかし、聖天供は基本的に息災法の修法であり、怨敵退散して息災を祈願するのは常套句に近いものがあり、文書にも「聖天供とて」とあるので、聖天供と偽って降伏《ごうぶく》護摩である三角壇を修したと解したほうがよいのか、この文ではわからないが、聖天供がそのまま降伏法となるとはどうしても考えにくいのである。

後醍醐天皇の修法

次に元徳元年十二月頃とされる「金沢貞顕書状」には、

崇顕金沢貞顕書状

一　中宮御懐妊候とて、十一月廿六日京極殿へ行啓の由承り候おわんぬ、この輿は計い申すことなき候か、御祈事、言語道断候か

一　禁裏御自ら護摩を御勤の由承り候おわんぬ、

一　北方参詣南都の旨、同じく承りおわんぬ、信□の御渡候と覚候、

一　真性奉行日記事、大略彼方において校合の条、返す〳〵不審に候、よく〳〵御沙汰あるべく候、

（後略）

とあり、注目されているのは「禁裏御自ら護摩を御勤の由承り候おわんぬ」と後醍醐天皇が自ら護摩を焚いていることを承知したという内容である。これによって先の「不審」の答えとなっているが、特に幕府に驚かれている様子もない。あっさりと了解されている。それほどまでに後醍醐天皇の密教傾倒が幕府に知られており、さもありなん、という具合

である。

俗体で伝法灌頂を受けた先例には後宇多院があり、また、後醍醐天皇も俗体で伝法灌頂を受けているが、修法壇に自ら坐して護摩を勤仕するとなると、前例も後例もないのかもしれない。しかし、本書でもしばしば述べたように、これだけ灌頂を諸流から受け、印可を得ている後醍醐天皇であるから、自ら修法することもできるであろう。しかも、仁寿殿《じじゅうでん》や清涼殿《せいりょうでん》も大壇や護摩壇をしつらえ、いつでも護摩を修することが可能であるし、それは幕府も十分に承知のはずだろう。自他ともに認めるほどに密教に習熟している天皇であれば、幕府も天皇自らの修法に対してある程度認めていたのではなかろうか。後醍醐天皇が修法護摩を行っていたのは確かだろうが、その内容が息災なのか降伏なのか、ここからでは定かではない。後醍醐天皇の場合なら、天皇家の息災はすなわち幕府降伏だと考えられてしまえばそれまでだが、それはもう解釈次第である。

一方、中宮御懐妊の祈禱といつわって違った祈禱が行われていることに対し、「言語道断」としながらも、そのまま放置した幕府の姿勢も理解しがたいのである。この修法は元徳元年から幕府に知られる元弘《げんこう》元年（一三三一）五月まで続けられたとされるが、それほどまでに重大で、百瀬氏の述べられた「護摩の煙の朦朧《もうろう》たる中、揺らめく焰を浴びて、不動の如く、悪魔の如く、幕府調伏を懇祈する天皇の姿を思い描いて、身の毛をよだたせたのではなかろうか」であれば、幕府はもう少し早く行動を起こさないのであろうか。静観している期間が長すぎるのである。結局は吉田定房による密告によって知られるのである。降伏法は秘密裏のうちに行われるので、そう修法が漏洩するものでもない。この場合も確実となったのは繰り返すようだが密告である。

さて、もう一人、「真性《しんしょう》奉行日記の事」と出てくる奉行人の真性も、後醍醐天皇のために愛染明王《あいぜんみょうおう》を奉納していたその人である。幕府と六波羅探題の内部の関係でさえ揺らいだ時期であった。その内容は不明だが、真性奉行の日記が返すがえす不審であるとしている。また、嘉暦三年五月の「金沢貞顕書状」にも「一　真性奉行大般若経料紙事」とあって真性の名がみえ、幕府にもよく知られた存在であったと思われる。

これだけ不穏な状況なのに幕府はまだ動かなかった。

降伏法

弘真は後醍醐天皇に灌頂を授けただけでなく、種々の修法を後醍醐天皇のために勤仕していったが、そのひとつが前述のように倒幕のための降伏法であった。密教の修法は息災・増益・敬愛・降伏の四修法を代表的なものとする。無病息災という言葉に代表されるように、息災法は安穏や泰平を祈願する。増益法は自らの利益をのばすことを目的とする祈願であるし、敬愛法は相手との和合を願う。それは男女間だけでなく、出世を願うための上司との和睦であったり、僧侶間のなかでも一味和合《いちみわごう》といって集団生活での円満を願う場合にも修される。最後の降伏法は調伏法とも言われ、相手をやっつけることを祈る。怨敵退散の言葉でも知られよう。

このように降伏法について述べると、まったく戦闘のための修法のようであるが、本来は対人間ではなく、魑魅魍魎《ちみもうりょう》や怨霊など人間の手には負えない相手に対して降伏させるものであった。紫式部《むらさきしきぶ》の『紫式部日記』に藤原道長《ふじわらのみちなが》の娘で、一条天皇の中宮である彰子《しょうし》の御産の記事がみられる。現代の我々は御産なら安産祈願として息災法であろうと思うが、御産の際に修される修法が降伏法であった。これは出産にともなう物の怪《もののけ》を退散せんとするものである。出産にともなう穢《けが》れには降伏法が適用されるものと考えられていたのだ。もちろん息災法も修されるが、その前に穢れとなるものを除去するのである。『紫式部日記』によると、この御産には何人ものやんごとなき高僧が出仕したらしく、さらに多くの女官が集まりいどころさえもなかったらしい。

ところが鎌倉時代になると、直接的に人間に対する降伏法へと変化していった場合もあったようである。特に戦《いくさ》の場合には戦勝祈願として降伏法が修されたようである。ただ、この場合も相手そのものではなく、相手にまつわる勝運や霊など目に見えない存在に対する降伏である場合も多い。

この四修法を一覧すると表1のようになる。

護摩壇の炉の形や本尊画像である別尊《べっそん》曼荼羅を奉献する方角、修法を行う時間などがそれぞれ異なるのであるが、代表的な息災は円壇、それとは対照的に降伏法は三角壇である。

時の天皇から呪詛を依頼されれば、その修法を行ずるのが当然の行為とも考えられる。天皇が灌頂を望めば灌頂を授け、転読《てんどく》を望めば転読を行い、修法を望めば修法を行ずる。なんらかの強い理由がなければ通例からは拒否することはできまい。弘真においては、一

表1　四修法比較表

	炉の形（護摩炉の形）	色（主に用いる色）	起首時（修法を始める時刻）	方角（阿闍梨が向く方角）	本尊面（奉懸された本尊が向く方角）
息災法	円形	白色	初夜	北	南面
増益法	方形	黄色	初日	東	西面
敬愛法	蓮華形	赤色	後夜	西	東面
降伏法	三角形	黒・青色	日中・中夜	南	北面

貫して後醍醐天皇のために祈禱がなされているのである。

ただ、ここで弘真が修した降伏法がどんな修法であったのかは残念ながら資料不足のためにわからない。先の百瀬氏は冥道供《みょうどうく》や七仏薬師法《しちぶつやくしほう》などをあげられていたが、それは主に台密《たいみつ》で修されるものであり、醍醐報恩院流の弘真が修したとも思われない。幕府呪詛として修されたのは、不動明王《ふどうみょうおう》を中心とした五壇法や大威徳《だいいとく》明王法などであると思われるが、憶測の域をでない。

やがて、これら一連の修法は密告によって幕府の知るところとなり、翌三年（元弘元年）五月五日には日野俊基、文観房弘真、円観、浄土寺忠円、唐招提寺《とうしょうだいじ》慶円らは捕えられ、六月八日、鎌倉に護送された。修法について問いただされ、降伏法の三角壇であることが明らかになったという。円観は陸奥《むつ》に、そして文観房弘真は遠く硫黄島《いおうがしま》に流される。硫黄島は鹿児島県の南にある流刑《るけい》の島として名高い。密教の修法でさえ、遠流《おんる》の刑となる。現代の密教修法のなかでも、降伏法はそれほどまでに重大なことであったことがわかる。我々が想像する以上に罪であったのである。

これが元弘の乱のはじまりとなる。

後醍醐天皇の皇子たち

後醍醐天皇の皇子としてよく知られている親王に護良《もりよし》親王がいる。「一代の主」とされた後醍醐天皇にとって、自らの血統を皇位につかせることは叶うことではなく、息子たちを出家させている。経子との間にもうけた護良は尊雲と称し、京都大原三千院の梶井《かじい》門跡《もんぜき》に入り、後に天台座主《ざす》にもなった。大塔宮《だいとうのみや》と称されるのは、法勝寺《ほっしょうじ》大塔を住処としていたからしい。建武年間になって鎌倉に幽閉されて殺害された悲劇の皇子として有名である。次いで為子との間にもうけた宗良親王は妙法院《みょうほういん》に入り尊澄《そんちょう》と称し、やはり天台座主となっている。天台三門跡が三千院・妙法院・青蓮院《しょうれんいん》であるので、その二つの門跡に皇子たちが入室しているのである。この辺の事情は森茂暁氏の『皇子たちの南北朝』(3)に詳しい。

後醍醐天皇や南北朝の動乱を記した諸書によると、後醍醐天皇は鎌倉幕府に対抗しうる比叡山をはじめとした天台勢力に期待を求めて、護良親王や宗良親王を天台系の寺院に送ったとされている。武力および経済力への依存があったという説がとかれている。結果的には周知のように、二人とも僧をやめて還俗《げんぞく》し、尊雲・護良親王は宮将軍《みやしょうぐん》と称されるように鎌倉幕府崩壊の一因となった武力勢力をつくったし、尊澄・宗良親王も元弘の乱の際に後醍醐天皇とともに笠置《かさぎ》に籠もるが、捕えられ、ついには幕府によって讃岐に流刑となっている。なるほど後醍醐天皇と行動をともにしているのであり、聖と俗の間を行き来しているのが後醍醐天皇の皇子たちである。

そもそも天台座主は最澄《さいちょう》の高弟であった義真《ぎしん》が勤め、その後、円仁《えんにん》や円珍《えんちん》などが歴任した。やがて摂関家出身の僧が多く勤めるようになり、平安時代末期には天皇家の出身者が任じられるようになった。

ここで歴代天皇のなかから皇子が天台座主を勤めた例をみてみると、平安時代には鳥羽天皇や後白河天皇の皇子が天台座主となり、鎌倉時代になっても後鳥羽天皇や順徳天皇の皇子が座主になっている。あらためてここで詳しくみると、第九十二世再助法親王と第九十四世慈助法親王は後嵯峨天皇の皇子である。大覚寺統でみれば、第百世の良助法親王、第百三世の覚雲法親王、第百五世の慈道法親王は亀山天皇の第四、第七、第十一皇子、第百十三世の承覚法親王は後宇多天皇の第四皇子である。次いで百十六世の尊雲法親王と百二十世の尊澄法親王が後醍醐天皇の皇子となるのである。

この後、伏見天皇や後伏見天皇の皇子、つまり持明院統の皇子たちが天台座主になっていくが、亀山天皇の皇子である第百世から後醍醐天皇の皇子の第百二十世までは大覚寺統の天皇の皇子たちだけが断続的に天台座主になっている。ここから考えれば、後醍醐天皇が護良親王と宗良親王を梶井門跡と妙法院門跡として天台に送り込んだのも、祖父・亀山、父・後宇多の先例に倣ったようにも思えるのである。確かに比叡山は畿内の一大勢力であり、期待するところがなかったとは言い切れるものでもない。ただ、それが直ちに鎌倉幕府倒幕の布石と考えてよいものか躊躇を感じるのである。天台座主となったのは概して第一、第二のような皇子ではなく、皇位継承の可能性がない皇子たちばかりであり、また、皇子たちを門跡に送る点において仏教的な側面がまったくないとは思えないのである。後醍醐天皇は自分が「一代の主」であることを認識している点から皇子を天台寺院に入れたとしてもまったく自然である。

また、尊雲・護良親王が元座主であっても、比叡山衆徒がどのくらい幕府倒壊の武力となったのか明らかではないし、まして積極的に後醍醐天皇側として戦闘に参加していないようである。むしろ、比叡山は後醍醐天皇の倒幕やその他の行動に対してもじっと静観しているようにも思える。守りはするが、攻めはしない。それは高野山や南都も同じであり、非協力的ではないにしても積極的に後醍醐天皇に協力しているようにはみえない。宮将軍と呼ばれた護良親王の倒幕勢力は土豪・悪党で組織されていたと指摘されており、少なくとも寺院勢力ではない。となると、後醍醐天皇が自らの皇子を比叡山座主にしたのは徒労であったと思われるのであり、それならばむしろ当初から期待していなかったとも思えるのである。

ここで、問題なのは後宇多院が自らの皇子である性円を大覚寺にて出家させており、空海を思慕してやまない姿勢が明確にあったのに対し、後醍醐天皇の皇子は真言系ではどうであったかである。後醍醐天皇の皇子で東密に入った者に恒性法親王と法仁法親王がいる。恒性法親王は大覚寺に入ったが、還俗して元弘の乱で没したらしいが、詳しいことはわからない。法仁法親王は正中《しょうちゅう》二年（一三二五）の生まれで、建武《けんむ》元年（一三三四）に親王となり、延元《えんげん》三年（一三三八）に仁和寺にて出家した。後伏見天皇の第三皇子である法守法親王に灌頂を受けている。いずれにしても後醍醐天皇は自らの皇子を真言と天台の寺院に二人ずつ入れているのである。となると、やはり天台の寺院に送ったのが慣例的なものであると思えるのである。

2　鎌倉幕府崩壊

神器

倒幕計画が幕府に知られてしまうと、後醍醐天皇は京都を逃れ、しかも神器（剣《つるぎ》・勾《まが》玉《たま》・鏡《かがみ》）を携えて、ひとまず奈良・東大寺の東南院に入り、ついで奈良市街の北東にある笠置《かさぎ》山《やま》に籠もった。木津川を眼下に望む急峻な山岳であり、天然の要塞ともいえる立地条件であった。また、そこには鎌倉時代初期の興福寺の学僧であった貞慶《じょうけい》が遁世《とんせい》した笠置寺があった。しかし、幕府が送った大軍によってあっさりと敗れ、後醍醐天皇は捕われた。京都に戻され、神器を持明院統で後伏見院の第一皇子である量仁《かずひと》親王（光厳《こうごん》天皇）に渡した。神器を持ち出して都から逃れる点、頼みの綱として神器があったのか、天皇である証として神器が必携の品と判断したのか、象徴的かつ根本的なモノに固執する後醍醐天皇である。三種の神器を携えて都を逃れた先例に、壇ノ浦で滅びた平家と安徳天皇の場合があるが、天皇が幼いこととそれを取り巻く平家による意図が働いているという点では、天皇自らが携えた今回の場合とでは意味が少々異なろう。自らが天皇である証として神器を手中に収めていることを重視したのであり、まさしく神器をよりどころとしたのである。灌頂において犍陀《けんだ》穀子《こくし》や雷服等にこだわった姿と重なるようである。

さて、光厳天皇（一三一三〜六四）は九月二十日、践祚し、持明院統である後伏見上皇が院政を行った。十月六日に剣璽《けんじ》の渡御《とぎょ》が行われたが、後に神器は偽物であると後醍醐天皇が言った。本物は自らが持っていたのである。この期に及んで偽物を渡す点も、モノにこだわる後醍醐天皇と考えてよかろう。正副二種の神器を手元に置いておく点などあまりにも用意周到と言うべきか、先見の明があったと言うべきか。万が一のために複製品ともいえる神器、今で言うレプリカというかコピーものをあらかじめ用意していたのか、それともまったくの偽物を用意していたのかわからないが、このような事態を予想していたのだろうか。光厳天皇は嘉暦《かりゃく》元年（一三二六）六月には立太子をすませていた。光厳天皇の即位は持明院統にとっても大きな期待であったに違いないが、残念ながら神器は本物ではなかったのだった。

宝物の召し上げ

モノにこだわるという点で、坂口太郎氏の興味深い論考がある。(4) 後醍醐天皇が捕えられると、後醍醐天皇のいた二条富小路《にじょうとみのこうじ》の内裏《だいり》から数々の宝物が見いだされた。これに驚いた花園院は、宝物が多く納められていた勝光明院《しょうこうみょういん》と蓮華《れんげ》王院《おういん》の宝蔵を確認させると、蓮華王院の宝蔵には後醍醐天皇がことごとく召して出して、宝物がひとつもなかったという状況が確認されたのであった。王権のもと数々の重宝を集めていたらしい。

この重宝収集の究極の例は、翌二年の二月に二条富小路から運ばれた仏舎利《ぶっしゃり》千四百余粒が仙洞常磐井殿《せんとうときわいどの》において勘計が行われたが、これが東寺の仏舎利であったことである。嘉暦四年に東寺の仏舎利は盗難にあい、甲乙二壺であった舎利容器を一壺にして保管していた。ところが残りの舎利もほとんど消え失せたのであった。それが内裏の五節所《ごせちどころ》にある愛染明王帳前の水晶壺に納められていたのである。これも後醍醐天皇が強引に東寺から内裏に召したものらしい。国家安泰の象徴であり、東寺のものであり、国家のものでもあり、公共性の高いはずの仏舎利も収集対象であったようだ。納められていたところが愛染明王の帳前という点も象徴的である。愛染明王は後醍醐天皇の尊崇した像であり、宝珠や王権と結びつくものだからである。

さらに六月には、その時の天台座主で、後伏見・花園の弟である尊円法親王によって、比叡山の前唐院経蔵《ぜんとういんきょうぞう》に数々の宝物が返納された。前唐院経蔵は円仁が唐から請来した経典や宝物を納めていた大切な経蔵であった。後醍醐天皇は最澄や天台座主初代の義真に関係する宝物も手元に集めていたのであり、もはや収集癖ともいえる行動である。比叡山の宝物収集は皇子である尊雲法親王が天台座主をしている元徳二年（一三三〇）の時だったらしい。すなわち宝物収集には自らの皇子が関わっていたと考えられるのである。坂口氏は比叡山の重宝の摂取は山門の感情を逆撫でするものであり、『太平記』巻二などに基づいて、俗に言われる後醍醐天皇による山門の掌握に対して疑問を投げかけているが、注目すべきだろう。皇子を天台座主にさせた目的のひとつに宝物収集があったと思えるほどである。また、後醍醐天皇が得意とした技に笛や琵琶などの音楽があるが、それを奏でるための名物楽器の収集についても豊永聡美氏による面白い著作がある(5)。もはや後醍醐天皇は立派な宝物コレクターであった。

隠岐へ配流、そして帰京

さて、この元弘《げんこう》の乱（元徳三年・元弘元年・一三三一）の結果、日野資朝《ひのすけとも》、俊基《としもと》らは処刑された。四月二十八日、すぐに正慶《しょうきょう》と改元した。後醍醐天皇は鎌倉幕府によって翌元弘二年（一三三二）三月七日、隠岐《おき》に流された。隠岐には寵姫阿野廉子《あのれんし》、千種忠顕《ちぐさただあき》が従ったのみであるという。隠岐に流された天皇は初めてで、上皇では承久《じょうきゅう》の乱（承久三年・一二二一）で鎌倉幕府によって遠流とされた後鳥羽院がおり、そこで生涯を終えたことは有名である。したがって後醍醐天皇の場合も量刑としてはかなり重いものとなり、それほどに幕府が重大な行動と判断したのだが、これは後醍醐天皇が自ら密教修法を行ったということではなく、笠置に籠もり謀叛をしたという、あくまでも実働に対する刑である。

しかし、一方で、この年十一月、比叡山の座主をつとめた尊雲・大塔宮護良親王が還俗し、吉野で挙兵した。さらに足利尊氏が鎌倉幕府に反旗をひるがえし、倒幕の兵をあげることで、反鎌倉幕府に対する勢力が一挙に整ったのであった。隠岐に流されていた後醍醐天皇もこれらの情報を得て、そのまま静観していたわけではなかった。元弘三年閏二月二十四日、ひそかに隠岐を出て伯耆《ほうき》（鳥取）に渡り、名和長年《なわながとし》を頼って天然の要塞である船上山《せんじょうさん》に籠もったのである（図16）。

その時にも後醍醐天皇の宝物収集と思われる行為がみられる。三月十四日、出雲国一宮の杵築《きづき》神社に対して、武運を祈る綸旨《りんじ》を発し、続いて十七日には、宝剣を渡すようにとの綸旨が発せられている。これが純粋に重宝として後醍醐天皇が求めたものか、三種の神器のひとつとして求めたのか問題ではあるが、それにしても、この時期に宝物を収集するのも、常日頃からどこにどのような宝物が伝来されているかについての情報を得ていたのであろうし、やはり手元においておきたかったのであろう。

図16　伯耆・船上山

四月九日には西大寺《さいだいじ》末で密教寺院であった尾道（広島）・浄土寺の長老空教《くうきょう》に対して天長地久を祈る綸旨を発給している。この空教房は文観房弘真の付法者である。後醍醐天皇にとって律と密教の重要な寺院であり、弘真の弟子がいる密教寺院に祈禱を命じている点で興味深いものがある。

浄土寺は尾道水道という天然の良港を見下ろす高台にあり、また、これより奥には今高野といった高野山の荘園がある。交通上の要衝に位置することは寺院が発展する上で欠かせない要件であった。今も昔も人と

図17 近江番場・蓮華寺石塔

物流は経済が安定するための基本的な条件である。浄土寺は、後に足利尊氏《あしかがたかうじ》も法楽《ほうらく》和歌を建武三年（一三三六）に奉納しており、束帯《そくたい》姿の足利尊氏画像も伝来している。後醍醐天皇にしても尊氏にしても押さえておかねばならない、重要寺院であった。

さて、後醍醐天皇が船上山に籠もっている間の五月七日、足利尊氏は京都六波羅を攻めた。六波羅の北条仲時と時益らは京都を脱出し、東へ向かったが、近江番場（滋賀）にて総崩れとなり、自害したことは有名である。今も番場の蓮華寺には供養のための石塔が並んでいる（図17）。六波羅探題が消滅し、五月二十二日、鎌倉幕府そのものが滅亡した。

3　帰京後の行動

報恩院道祐

後醍醐天皇は伯耆・船上山より帰京の途につき、六月五日には京都に還幸した。その途中でまたもや後醍醐天皇は寺院の宝物を手中にしている。これも坂口太郎氏が明らかにされたことだが、帰洛の途にても名刹で数々の宝物を召し上げている。

播磨《はりま》（兵庫）の円教寺《えんきょうじ》は性空《しょうくう》上人を開山とする寺院で、播磨では一乗寺《いちじょうじ》と並ぶ天台の名刹である。円教寺に伝来する宝物のなかでも赤栴檀《あかせんだん》で造られた五大明王《ごだいみょうおう》像は性空上人ゆかりの秀逸な代物であったが、後醍醐天皇が所望し、寺僧の承諾の後に自らのものにしたらしい。天皇が欲しいと望めば寺僧も断れまい。赤栴檀という点からも、よい香りのするものので、精密に彫り込まれた小型の優品であったのであろう。ぜひともコレクションのひとつに加えたい逸品であったに違いない。

さて、後醍醐天皇は京都に戻ると、鎌倉幕府が擁立した持明院《じみょういん》統の光厳《こうごん》天皇と正慶《しょうきょう》の元号をまったく無効として廃し、前の元号である元弘《げんこう》に戻した。なかなか強引である。隠岐に流されていても自らはそのまま天皇であったとの主張であり、当然ながら即位式も行われない。鎌倉幕府が滅亡したからには、恐れるものはなにもない。以後、親政を着々と進めていったことはよく知られることである。

硫黄島に流されていた弘真はそれより早く五月二十七日に戻っていた。後醍醐天皇のもとで灌頂こそなかったようであるが、修法などを多く担当した僧に報恩院《ほうおんいん》道順の付法の道祐がいる。道祐は文観房弘真からも灌頂を受けている。後醍醐天皇が帰京してまもなく醍醐寺第六十三代座主《ざす》に補任され、蓮蔵院《れんぞういん》に住んだ。建武元年（一三三四）三月には東寺二長者となり、四月一日には日蝕があり、そのために愛染王法を修している。愛染明王が住するのが熾盛《しじょう》日輪といって、太陽がシンボル化されたものであるので、息災法として日蝕に際して修されたのであろう。

さらに七月に起きた中先代《なかせんだい》の乱を鎮めるために翌月に五壇法、大威徳法という降伏法を修し、十一月には内裏にて聖観音法《しょうかんのんほう》を修している。現在知られている行動はすべて後醍醐天皇のための修法であり、後醍醐天皇に仕えた僧によるものと考えられる。

道祐についてはあまり資料もなく、建武以前の活動については明らかではないことが多い。しかし、道祐と楠木正成《くすのきまさしげ》が荘園を通じて緊密な関係にあり、後醍醐天皇と正成の関係も道祐を介してであるとの指摘もある。(6) 南朝側についた密教僧については、さらなる研究が必要である。

東寺の仏舎利奉請の制限

元弘三年（一三三三）九月二十二日付の後醍醐天皇宸翰《しんかん》舎利《しゃり》奉請《ぶしょう》誡文《かいもん》が残されている（図18）。その内容は東寺の仏舎利は国家鎮護《ちんご》の本尊であり、朝廷安全の秘術であると、その重宝である点を述べた上で、壺中の仏舎利数が減少しており、それは大師の「冥慮」に背くものである、したがって今後の奉請は三粒を限度とすること、という奉請数を制限したものである。これだけだと空海を厳かに尊崇し、仏舎利の保護につとめたように聞こえるが、置文の最後に、なぜならば赤子に霊剣を持たせるようなものだからと、理由をつけている。ひらたく言えば、猫に小判というわけである。以前、自らの内裏に千四百余粒も保管していたが、どうも自分は別格だから舎利を持つ資格があると考えていた節がある。

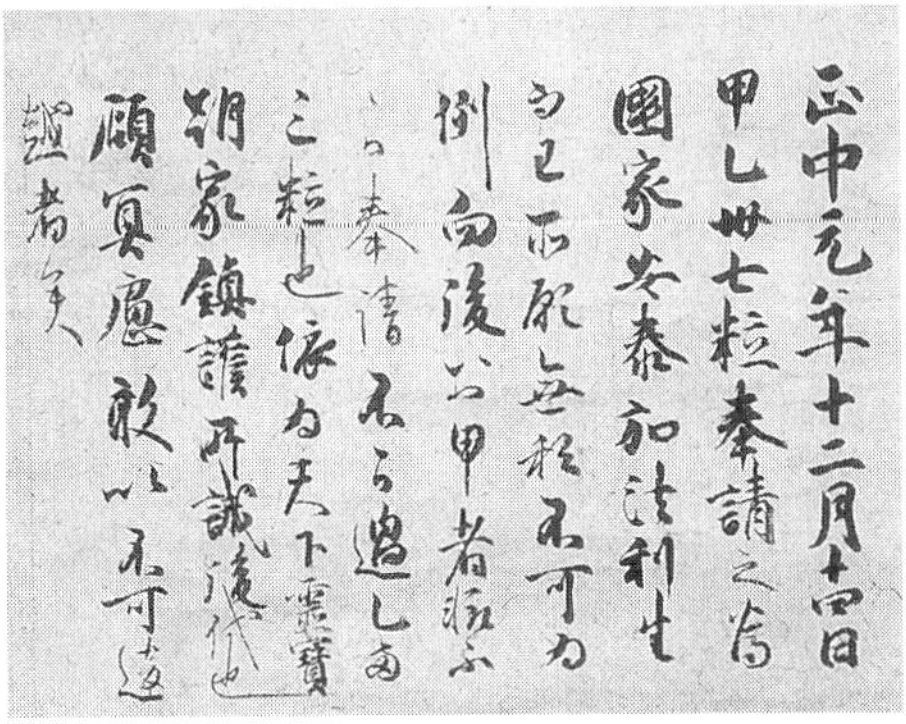

図18　後醍醐天皇宸翰舎利奉請誡文
（教王護国寺蔵）

この「赤子に霊剣」という表現は、『御遺告《ごゆいごう》』の「たやすく伝法灌頂阿闍梨の職位ならびに両部の大法を授くべからざる縁起第二十一」のなかで、しばしば「非器の者」「証器の人」という点が説かれ、密教を伝授することにおいて「ふさわしい器」が強調されているのだが、さらに「伝授の時にあたかも若き赤子《いとけな》に両舌の剣を持たしむるごとし、よろしくこの心を知りてまさに阿闍梨職位をさずくべし」と、「ふさわしい器」を確認することが説かれている。この「赤子に両舌の剣」との言葉を、後醍醐天皇がそのまま舎利の奉請数を制限するための理由として借用したものと思われる。『御遺告』をよりどころとしながら、器を重視したのであり、後醍醐天皇自らはそのふさわしい器であると自認しているようである。

観心寺不動明王像の召し上げ

後醍醐天皇が京に戻った五か月後の元弘三年（一三三三）十月二十五日、河内《かわち》・観心寺《かんしんじ》に対し綸旨を発している。『観心寺文書』にある後醍醐天皇綸旨で、それには、

大師御作の不動、渡し進められるべきの由、
天気の候ところなり、よって執達すること件のごとし、
十月廿五日　　　宮内卿経季
観心寺々僧中

とあり、単純明快な内容である。後醍醐天皇が観心寺に伝来する空海作の不動明王像を宮中に搬入せよとの由である。綸旨とは、天皇の命令書のことである。後醍醐天皇には発した綸旨が多いことは有名だが、湯山賢一氏の『天皇の書』[7]の巻末「対談　天皇文書――その成り立ちと世界――」に掲出された「表1　政務別院宣・綸旨発給数」によると、元弘から建武の後醍醐天皇親政下の発給数が他の院・天皇に比べて圧倒的に多い。しかもこの表には政務数と非政務数も数えられているが、この後醍醐天皇の綸旨も非政務に属するものであろう。

　天皇による綸旨であっても、通常のように寺院の僧徒に対し天長地久《てんちょうちきゅう》を祈らせたり、安堵、乱暴狼藉の停止ではなく、「大師御作不動」を「渡進」と言うのもやはり後醍醐天皇ならではだろう。少々荒っぽい言い方をすれば、権力をかさにした綸旨で秘宝中の秘宝を目的としているといってもよさそうである。やや強引とも思える綸旨であるが、真言の絶対祖師である空海作の不動明王像は名実ともに治天の君となった今、所望してやまないモノであったのだろう。それにもまして観心寺の不動明王像が空海作との伝承をもっていたことも面白い。後宇多院が小野流と広沢流の聖教を手に入れて大覚寺に納め、大覚寺御流を確立したが、この場合に求められた不動明王像の空海作という真偽はともかくとして、そう信じられていた不動明王像を召し出させるのは、後宇多院以上の要求であろう。

そもそも不動明王は空海が唐より請来し、信仰が広まった尊である。東寺講堂の不動明王像や高野山・正智院《しょうちいん》の像が最古作例として知られているが、画像では智証大師《ちしょうだいし》円珍《えんちん》が観得した黄不動《きふどう》も有名であり、高野山・明王院の赤不動《あかふどう》、京都・青蓮院《しょうれんいん》の青不動《あおふどう》とともに三不動と称されるほど、不動明王は密教のなかに、もっと言えば、日本社会のなかに浸透していったのである。彫像でも画像でも作例はすこぶる多く、今も根強い信仰を集めている。

その姿は岩を図案化した瑟々座《しつしつざ》という台座に坐り、右手に剣、左手に羂索という縄を持つスタイルで、頭の上に蓮華を載せる頂蓮《ちょうれん》という形式が彫刻作例でも絵画作例でも、もっとも一般的であった。ところが観心寺の不動明王像は両手の持物は同じでも、頭の上に宝珠を載せているという特別な姿であった。この形式が本当に空海作であるのか詳細は不明である。というよりもむしろ空海作ではなく、後世になって如意《にょい》宝珠《ほうじゅ》信仰のなかからあらたに造立された形式と考えたほうがよさそうである。どの時点で空海作という伝承が生まれたのか、明らかにできないが、鎌倉時代の密教事相書には観心寺の不動明王像は頭に宝珠を載せた像として、しばしば取り上げられるほど有名であり、少なくとも鎌倉時代後期には一般的な不動明王と異なる姿で空海御作と信じられていたのである。後醍醐天皇は格別なる由緒と霊性をもった像に特に関心が強いようである。

楠木正成の書状

この綸旨に対して、楠木正成の書状がある。

この間の何等の事候か、抑もご祈禱のため、観心寺の大師御作の不動渡し奉るべきの由、綸旨下され候の間、寺僧方に申し遣わし候、明後日の二十八日、御京に着き候の様、渡し奉られるべく候なり、御共ニ御上洛候べく候、心事は面を期し候、恐々謹言
十月廿六日　　　正成（花押）
瀧覚御坊

とあり、二十五日の綸旨に対して二十八日の京都へ不動明王像を運ぶのに自らお供すると正成が申し出ているのである。観心寺にとっても秘宝中の秘宝であるはずの不動明王像をあっさりと都へと輸送させてしまう対応の素早さにも驚かされるが、後醍醐天皇の要請に対しこのような従順な観心寺の姿勢も、天皇との結びつきの強さを感じさせる。また、正成の護衛については後醍醐天皇の力を見せつけるものであり、戦闘以外での後醍醐天皇と正成の親密なる関係を示す。また、護衛がつかなければならないほど不動明王像が重宝であったことを物語るものであろう。

正成には同日の書状がもう一通残されている。前半部は先の書状とほとんど同文なのであるが、最後に「止め置からるべき御座そうろう、すなわち返し遣わされるべきそうろうなり」とあって、しばらく京都に留め置くが、返却されるものであるとしている。観心寺の僧にとっても後醍醐天皇が召し上げるのではないかとの心配があったのではなかろうか。それほどまでに後醍醐天皇の宝物召し上げは、当時の世間にも有名なことだったのかもしれない。でなければ、わざわざ正成から「返却されるのだから」などと寺僧の不安を和らげる書状を追加で出したりはしまい。

この像は建武三年（一三三六）に起きた二条富小路内裏の火災とともに焼亡してしまった。観心寺の僧たちの悲哀たるや想像してあまりあるものがある。したがって、頭の上に宝珠が載るという点以外には、具体的にどのような姿であったのかは今ではわからない。なお、この時に円教寺から召し上げた宝物やその他も一緒に焼失したのであった。

その後の観心寺不動明王像

観心寺金堂の内陣には平安時代初期に制作された木造如意輪《によいりん》観音菩薩坐像の東脇侍《きょうじ》として、現在は秘仏となっている不動明王坐像が安置されている（図19）。永和《えいわ》四年（一三七八）に賢耀《けんよう》が記した『観心寺《かんしんじ》参詣諸堂巡礼記《さんけいしょどうじゅんれいき》』には、東脇張中には大師御作の不動尊、この不動尊は、甚深とこれ習うあり、すなわち披露すべからず、但し、御身計《おんみばかり》をば後醍醐天皇の御代、文観上人の申沙汰ありて、内裏に渡したてまつられる、□武擾乱《じょうらん》の時に、山門に御没落され、二条内裏が焼失の時、灰《かい》燼《じん》となるか、その後、後醍醐天皇が吉野に臨幸《りんこう》されし後、思召を款《かん》ぜられるにより、本様《ほんよう》の画図等を召し尋ねられ、造立せらるるのものなり、御光・御座等は根本の御作なり、御身計は新造なり、白檀の作なり、彩色におよばざるか、御光・御座等は、皆彩色なり、（中略）吉野御所にてこれを造らる、後に当寺に入りたてまつるの時、種々の奇瑞等これあり

図19　不動明王坐像（秘仏　観心寺蔵）

と、文観房弘真の沙汰によって内裏に移されたこと、建武擾乱の時、つまり足利尊氏が京都を攻撃した建武三年正月のことだが、その時に不動

明王像が二条内裏にて焼失したこと、そして後醍醐天皇が吉野に移って後、本様の画図をもとに造立されたこと、光背《こうはい》・台座《だいざ》は空海作のもので、不動明王の身体のみ新造であることと、それは吉野で制作されたことが記されている。光背と台座は空海作のものということは、宮中に運ばれなかったのかもしれない。つまり不動明王の本体だけが焼失という災難に見舞われたのであろう。

さて、「本様」とはもっとも基本となるべき図様のことで、それをもとに後醍醐天皇が造立させたものらしい。不動明王が焼失してしまい、観心寺に対しさすがに気の毒に思ったのであろうか。基本図を探して忠実に再現させたのである。後醍醐天皇が吉野に移ってからの制作とすれば、不動明王像の制作年代は延元《えんげん》二年（一三三七）から四年までの三年間に限られることになる。

この東壇の不動明王像に対し、西壇には愛染明王像が安置されている。不動明王と愛染明王が対峙する形式である。これは如意輪＝宝珠、そして不動、愛染という独特の三尊形式をしめしている。さきにみた『御遺告大事』で重視されている三尊合行の配置が観心寺の本尊なのである。

三尊合行

さてここで、もう少し詳しく三尊合行についてみてみよう。宝珠・不動・愛染の三尊合行（図20）については、文観房弘真が編集したとされる『秘《ひ》密《みつ》源《げん》底《てい》口《く》決《けつ》』を参考にしたい。

それには、

図20　宝珠・不動・愛染の三尊合行
（『御遺告大事』、慈眼寺蔵）

> 大師の御作の不動は河州観心寺にこれを安ず、彼は宝珠を頂上に置き、これまた今の伝と一意なり、愛染の彼の手に持すは内証の宝珠を執らしむ、この隠秘の故に彼を持すと号す、甚秘とこれを思え、不動が宝珠を執ること、古来より今に紙面に載せず、この三尊合行三宝同誓は当流のほか余流にこれ伝わらず、至極甚深の秘法なり

とあり、空海作の不動明王が河内の観心寺

に安置されており、頂上に宝珠を置くという。また、愛染明王の「彼《か》の手」についても述べられている。『瑜祇経』によると、愛染明王は六手を備え、手前の二手は金剛杵と金剛鈴、次の二手は弓矢、そして三番目の手は右手が蓮華、左手は「彼を持つ」と説かれるのである。この「彼」が問題で、それぞれ修法に応じてなにかを持たせるのである。実際、彫刻作例の場合には軽く握った拳をあらわし、なにかを持たせることもあったらしい。絵画の場合はしっかりと握るポーズが多いが、日輪や宝珠が手に載せられる作例もある。日輪の場合は三本足の八咫烏《やたがらす》があらわされ、それこそ王権をあらわすのである。そして『秘密源底口決』が説くところでは、愛染明王の彼の手に内証の宝珠を持たせるが、これも秘密であるが故に「彼」と称するのだという。また、不動明王が宝珠を執ることも紙面、つまり文字としては記さないという。つまり口伝ということになる。そしてこの三尊、すなわち宝珠・不動・愛染の三尊合行については報恩院流のほかに伝わっていない至極深秘の秘法であると結論づけている。

愛染明王像は第四章で述べるように『瑜祇経』に基づく。さらに『瑜祇経』を基本に仏眼と金輪の関係が不二義であるなど、相対する仏菩薩を不二義のなかでとらえようとする考え方が根強くある。不二とは金剛界と胎蔵界、右と左というような相対する関係のものが二つではなく、一つであるという、密教特有の考え方である。この三尊合行も三つで一つという特別な考え方で、合行することで力が何倍にもなると考えられたのだろう。

さらに『秘密源底口決』をみてみると、

師主の曰く今の一仏二明王三尊の合行はこれ当流の最底、我道の肝心なり、すなわち御遺告についてこれを習う

とあり、一仏に明王の三尊合行は『御遺告』に基づくものであるという。ここでも基本となっているのは空海御作という伝承と著作に仮託された『御遺告』であり、絶対祖師である空海に対する篤い讃仰である。もはや空海は信仰を超えて、また、すべてを超越した絶対的な源泉であったのである。

註

（1）百瀬今朝雄「元徳元年の『中宮御懐妊』」（『金澤文庫研究』二七四号、一九八五年）。

（2）埼玉県立歴史と民俗の博物館蔵『太平記絵巻』をみると、二人の僧侶と御簾の向こうに貴人がみえる。これが後醍醐天皇と円観上人、文観上人として絵師は描いたのであろう。また、図中に描かれた護摩壇をみると、三角壇ではなく円壇である。また本尊も如来坐像である。つまり絵師

は息災法を描いていることになる。絵師が降伏法を知らなかったのか、もしくは息災法しか描くことができなかったのか定かではない。

（3）森茂暁『皇子たちの南北朝　後醍醐天皇の分身』（中央公論社、一九八八年）。

（4）坂口太郎「後醍醐天皇の寺社重宝蒐集について」（上横手雅敬編『鎌倉時代の権力と制度』所収、思文閣出版、二〇〇八年）。

（5）豊永聡美『中世の天皇と音楽』（吉川弘文館、二〇〇六年）。

（6）新井孝重「建武政権の特質」（佐藤和彦・樋口州男編『後醍醐天皇のすべて』所収、新人物往来社、二〇〇四年）。

（7）湯山賢一『天皇の書』日本の美術五〇〇号（至文堂、二〇〇七年）。

第四章　建武年間中の後醍醐天皇

1　密教環境の整備

高野山と愛染堂

前にも述べたが、父・後宇多天皇は正和《しょうわ》二年（一三一三）に高野山に行幸し、真言門徒の聖地である奥の院にも参籠《さんろう》した。空海を讃仰してあまりある気持ちの参籠である。後醍醐天皇は高野山にこそ御幸はなかったようであるが、建武《けんむ》元年（一三三四）四月には壇上《だんじょう》伽藍《がらん》に愛染堂《あいぜんどう》の建立を発願している。

『紀伊続風土記《きいぞくふどき》』高野山之部巻之五、伽藍之四に、

この堂の草創《そうそう》を原に。去る建武元年四月をもって　後醍醐天皇の綸命《りんみよう》に依て興隆する処なり。その綸旨に云わく。高野山金剛峯寺において、供僧《ぐそう》七十二口、学侶《がくりよ》百二十人を率いて不断愛染王護摩ならびに長日談義を始め行われるべし、しばらく寄附せらる

所の四至内旧領をもってよって貢し、かの料所となす、ことに四海清平と玉体安穏を祈り奉るべきの由、寺家に下知せしめ給うべきは、天気かくの如し、これを悉くす云々

とあって、愛染堂を建立し、護摩を修し、一日談義を行うこと、それは「四海清平と玉体安穏《あんのん》の由」を目的とすることが述べられている。自らの政権の安定を願い高野山に愛染堂を建立し、愛染明王護摩によってそれを求めたということであろう。壇上伽藍には大塔や金堂、御影堂《みえいどう》、孔雀堂《くじやくどう》、経蔵《きょうぞう》など真言密教にとって重要な堂舎がすでに整備されていた。真言密教の根本たる伽藍であるのでそれは当然である。そこに、愛染堂というあらたな堂舎を設けたのであるが、それが『瑜祇経』と愛染明王を好む後醍醐天皇らしいのである。

それにしても愛染明王に対する篤い信奉がここでも強く感じられよう。根津美術館本やMOA美術館本の愛染明王画像でも知られるように、空海御筆タイプとされていた愛染明王を好み、宮中にも愛染明王像を安置していたが、高野山というまさに空海ゆかりの地に愛染堂を建立したのである。現在では愛染堂の本尊がどのような姿をした愛染明王であったのかわからないが、おそらく左第三手に日輪《にちりん》か宝珠《ほうじゅ》を載せた愛染であったことは想像にかたくない。それはすなわち王権に結びつく愛染明王の姿である。

醍醐寺座主

後醍醐天皇が親政をはじめると、それまでも後醍醐天皇のために行法を修し、灌頂を施した文観房弘真《もんかんぼうこうしん》が重く用いられたのは自然のなりゆきであった。『醍醐寺座主次第《だいごじざすしだい》』によると、弘真は建武元年三月に京都の南郊にある石清水八幡宮《いわしみずはちまんぐう》にて仁王経《にんのうきょう》を修している。仁王経は護国のための修法であり、なおかつこれが後醍醐天皇の親政のためであることも明らかであろう。前述のように正中二年（一三二五）、後醍醐天皇に印可と仁王経秘法を授けているように、国家における重要な修法である。

ここであらためて『醍醐寺新要録《だいごじしんようろく》』第十四巻「醍醐座主次第」をみると、

　第六十四権僧正弘真 道順大僧正の資、一階の僧正なり、後小野僧正と号す。

　年　月　日　宣下、　年　月　日去職、本ハ西大寺《さいだいじ》律僧《りつそう》にして、文観房上人とこれを号す、観音《かんのん》と文殊《もんじゅ》なり、功を積み、月を経るに、法験《ほうげん》は無双の仁なり、これによりて、関東調伏《ちょうぶく》の御祈、最初より、綸旨《りんじ》を被り、多年これを修むるの条、露脱せしむるにより、流刑に処せられおわんぬ 油黄嶋。その後幾ばくかせずして、天下一統の聖運開御す。かの上人の懇念に答うるの由、叡信によること他に異なり、帰依すること藍より青し、然して大法秘法は度々これを修す。東寺一長者《いちのちょうじゃ》、東寺座主、東大寺別当《べっとう》、報恩院《ほうおんいん》これを管領《かんりょう》す。

とあり、宣下《せんげ》の月日が記されていないで、東寺長者となったのが建武元年の何月かははっきりしない。だが、六十三代に道順の付法である道祐が元弘《げんこう》三年（一三三三）に醍醐寺座主となり、その次代が弘真である点を考えてみよう。

さきにも述べたように道祐は建武元年四月一日に報恩院にて、愛染王法を修し日蝕を祈っている。それほど明らかではない道祐の経歴のなかで、この愛染王法のことだけが「御祈」としてことさらに記録に留められているのは、この時に道祐が重職《じゅうしょく》、つまり六十三代座主という地位にあったからだろう。したがって、弘真が次の座主となったのは少なくとも四月以降と思われる。

「醍醐座主次第」からは、弘真がもとは西大寺の律僧であること、永年功績をあらわして、法験は無双の仁であったこと、このことから綸旨によって関東調伏に最初から参加したのであり、結果、多年にわたり修することでそれが露顕し、そのために流刑となった。しかし、ほどなくして天下一統となり、東寺一長者や東寺座主、東大寺別当となったことが記される。なお、東大寺別当については『東大寺別当次第』等にその名が見えないのでなんとも不明である。ここには流刑に対しても批判的なことは記されておらず、「天下一統の聖運」が開御《かいぎょ》したという幸運を記す以外は淡々と事実が述べられている。むしろ天皇のために関東降伏の修法をしたので、露顕して流されても致し方ない、そうなってしまったのだという感じである。最後に後醍醐天皇が帰依すること「藍より青し」と甚だしかったこと、それ故しばしば大法・秘法が修されたという。つまり弘真は後醍醐天皇の要望に応えていたのである。それは「法験は無双の仁なり」であったからである。

東寺塔供養

建武元年六月二十五日は後宇多院の忌日であり、大覚寺において曼荼羅供《まんだらく》が行われている。六月二十五日の後宇多院忌の法会は毎年行われていたようである。後醍醐天皇による父の菩提《ぼだい》供養である。

九月二十四日には東寺の五重塔供養が行われた。この塔は文永《ぶんえい》七年（一二七〇）、原因不明の火事によって焼失した塔の再建として、永仁《えいにん》元年（一二九三）に建立されたものである。しかし長い間、落慶《らっけい》供養が行われていなかった。後醍醐天皇の「東寺六か条の立願」のなかに「塔婆《とうば》にて行法を行う」というのがあるが、まさしくそれに相当し、五重塔を重視していたのであった。この供養では十二天面をかぶった十二天行道《ぎょうどう》（仮面行列）なども行われ、賑々しく華やかな法会となった。

この時に用いられた十二天面のうち七面が京都国立博物館に、二面がアメリカ・シアトル美術館にあることが知られている。興味深いのは面の裏に次のような墨書銘があることである。

応徳《おうとく》三年十月廿日　御塔《みとう》供養修理

さらに貼り紙もあり、それには、

建武元年九月廿四日
東寺供養の時、これを修理す

とあり、応徳三年（一〇八六）と建武元年に修理が加えられているのである。オリジナルの制作年代はそれをさかのぼるものであることもわかる。もともと十二天面を用いた行道は灌頂会《かんじょうえ》という法会で催されていたが、装束などを含め支度に手間がかかり、やがて簡略化されて十二天屛風で代用されるようになった。そこで十二天面が五重塔供養に転用されたのである。

この供養には名だたる武家や公家などをはじめ、多くの人が集まったという。盛大な法要であり、五重塔を保護する後醍醐天皇の姿勢を見せつけるものであると同時に、安定した政権の象徴として、後醍醐天皇の力を披露するものであったのである。

東寺長者

『東寺長者補任《とうじちょうじゃぶにん》』によると、翌建武二年（一三三五）三月十五日には後醍醐天皇は弘真を東寺一長者第百二十代に任じた。加えて寺院の庶務担当の総責任者である正法務《しょうほうむ》ともなっている。住房は東寺の子院《しいん》である宝菩提院《ほうぼだいいん》であった。二十一日、東寺恒例で大切な年中行事でもある弘法大師御影供《みえいく》を行じているさきに大勧進《だいかんじん》の職にも任じられており、この時点で、醍醐寺座主、東寺長者、東寺大勧進と真言の要職をすべて冠したのであった。

しかし、弘真が東寺長者になったことについて、五月には高野山より「高野山衆徒奏状《こうやさんしゅとそうじょう》」が高野山検校《けんぎょう》第百代の祐勝に出され、西大寺律僧出身の弘真が東寺長者となり、権力をむさぼっていると非難された。この衆徒奏状は後世になって、文観房弘真に対して、悪印象を与え続け、現在の研究者のなかでもイメージが固定化されたものである。それは、

金剛峯寺衆徒等、誠に惶《おそ》れ誠に恐れ謹しんで言さく、特に天裁をこうむり東寺勧進聖

文観法師を猥《みだ》りに長者に補せらるを停止せんことを請う、恣に宗務を掌にするの状、（中略）大師曰く、東寺これ密教相応の勝地、馬台鎮護の眼目なり、帰して敬うは（中略）ここに苾蒭に相似たるあり、その名文観といえり、本はこれ西大寺末寺の播磨国北条寺の律僧なり、算道を兼学し、卜筮《ぼくぜい》を好み、専ら呪術を習う、修験に立ち、貪欲の心は切にして、憍慢の思いは甚だし、（下略）

とあり、衆徒は祐勝に対して文観の東寺長者の職を辞めさせるよう求めた。というのも、東寺は鎮護《ちんご》国家の中心たる寺院であることを述べ、文観房弘真が苾蒭（比丘《びく》）に似て非なる者であるとし、元は西大寺末で播磨《はりま》・北条寺の律僧であり、算道を学び、卜筮を好み、怪しげな呪術ばかりをして修験を立て、心は貪欲・驕慢であると、これでもかとの非難を浴びせかけている。これまで、このなかの「算道を学び、卜筮を好む」との言葉が注目され、邪道との感が強いことから、文観と立川流《たちかわりゅう》とが関連づけられて考えられてきた。現在では「文観と立川流の大成者」という点は一考を要するとされる一方で、いまだに大成者と不思議と断じられている場合も多い。武将の石田《いしだ》三成《みつなり》や忠臣蔵の吉良上野介《きらこうずけのすけ》など、一度悪いイメージが定着するとそれを拭い去るのがいかに困難であるか思い知らされる。

律僧と勧進聖

文観房弘真はこの奏状のなかで、「勧進聖の文観法師」と呼ばれ、「本はこれ西大寺末寺の播磨国北条寺の律僧なり」と、西大寺末寺の「律僧」であるとして、「勧進聖」と「律僧」というそもそもの出身からして文句をつけられているのである。これがすなわち高野山衆徒が感じている「勧進聖」や「律僧」に対する思いであり、そのまま当時の一般的な感じ方となるものかもしれない。勧進をして寺院の造営や修復の資金を調達する勧進聖や、死者の穢れをともなう葬送にたずさわる律僧は野卑なる僧で、東寺長者にはもってのほかと弾劾したのである。当時は学問を専門とする学僧と葬儀などを行う律僧とは身分的な差があったのであった。それほどまでに律僧出身者が東寺長者となることは異例であり、なおかつ高野山衆徒にとっては腹立たしく、認めることができないことだったのだろう。

さらに「奏状」には「もとより大師の門徒にあらず、けだしこれ小乗の律師なり」と、空海の門徒ではないとし、小乗の律師と断じている。これはもはや中傷誹謗以外のなにものでもあるまい。となると、この「奏状」の全文が極めて悪意に満たされたものと思えるのであり、これをもって文観房弘真を評するのは避けたほうが無難と思えるのである。弘真が後醍醐天皇に重用された非難ではなく、あくまでもその底にあるのは、東寺一長者となるべきそもそもの出身と律僧という身分が問題とされているようである。真言密教の権力が律僧出身の弘真に集中したことへの非難である。高野山座主は東寺長者が兼ねるのであるが、律僧出身の弘真が自分たちの上に位置することをひどく嫌ったようである。逆に考えれば、後醍醐天皇に重んじられても、それは高野山にとって羨ましいことではないのである。それよりも公家出身の高僧が多いなかで、出身も定かでなく、「勧進聖」「律僧」という、当時では蔑まされる僧であったが、法験無双《ほうげんむそう》の仁であった弘真を東寺長者とした後醍醐天皇の人材登用力が評価されるのではなかろうか。

また、ここで興味深いのは、さきに見た「醍醐座主次第」で「法験無双」と記されたことと、「高野山衆徒奏状」に記される「算道を兼学し、卜筮を好み、専ら呪術を習う」、修験に立ち」とは表裏一体であるようでもある。同一の修法であっても、よく言えば法験となり、悪く言えば卜筮・呪術となるのであろう。

2　聖徳太子と空海

『四天王寺御手印縁起』

『四天王寺御手印縁起《してんのうじごしゅいんえんぎ》』（図21）は摂津《せっつ》（大阪）四天王寺の草創縁起《そうそうえんぎ》である。聖徳太子にまつわる根本縁起であり、聖徳太子が自ら著して推古《すいこ》三年（五九五）に四天王寺へ納めた

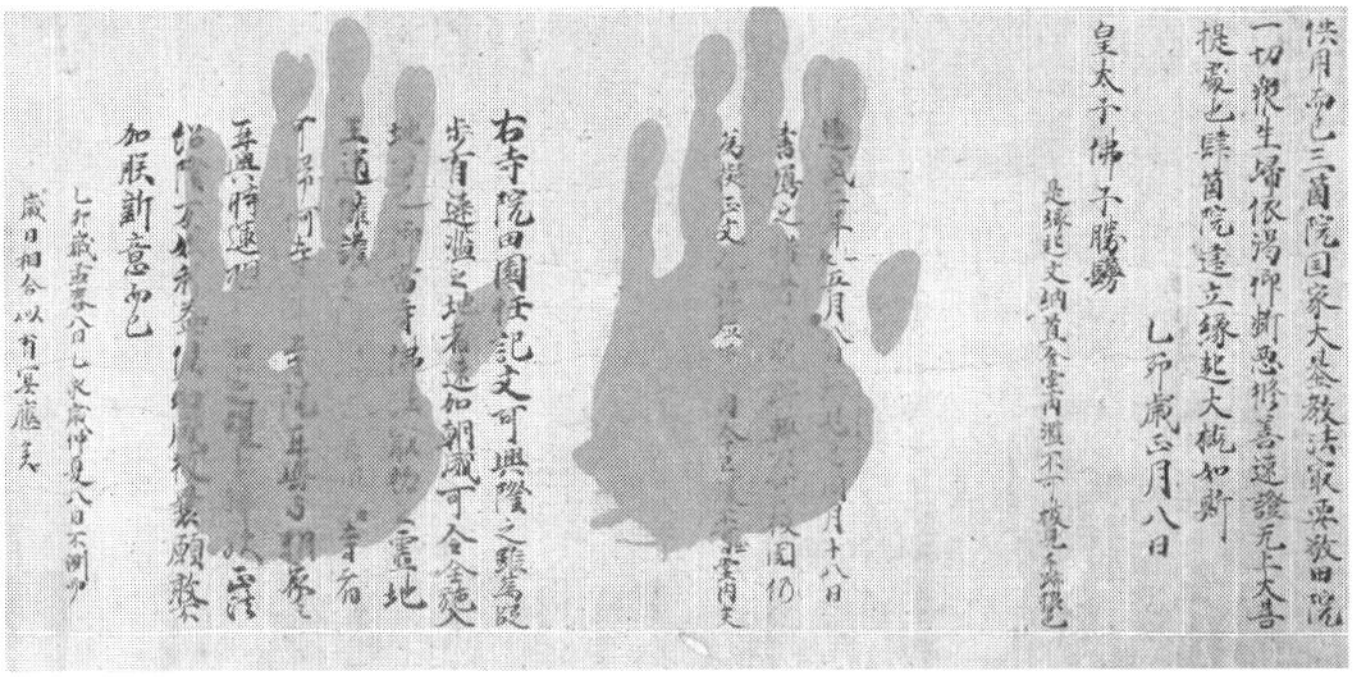

図21　『四天王寺縁起』（四天王寺蔵）

と奥書《おくがき》に記されてあるものだ。実際は平安時代の長徳《ちょうとく》年間（九九五〜九九）から寛弘元年《かんこう》（一〇〇四）頃の成立と考えられている。内容は四天王寺の草創のほかに寺の名の由来や寺域、聖徳太子の活動等が記されている。平安時代に書写された根本本に対し、鎌倉時代になって文永《ぶんえい》七年（一二七〇）に東大寺戒壇院の宗性によって転写されたものと、ここで取り上げる後醍醐天皇による建武二年（一三三五）の転写本などが知られている。

後醍醐天皇はその縁起を閲覧し、書写に至ったのであるが、後醍醐天皇の書写による奥書には、

建武二年乙亥五月八日、これを拝見す、同月十八日これを書写《しょしゃ》す、権者《ごんじゃ》の聖跡《せいせき》にして、すなわち披閲《ひえつ》するべからず、よって正文に擬すがため、短筆を染めしめ、今より已後堂内を出すべからず、右の

寺院田園は記文に任せこれを興隆すべし、（中略）
乙卯歳孟春八日、乙亥歳仲夏八日、測ずして歳日は和合せり、冥応《みようおう》あるに似たり

とある。

五月八日に拝見し、その十日後の十八日に書写をしている。四天王寺は聖徳太子が建立した寺院として有名であり、やはり特別な寺院であった。(1) 日本に仏教を広めた祖として聖徳太子信仰は平安時代以降に盛んとなり、鎌倉時代以降には特に顕著になっている。両手で柄香炉《えごうろ》を持つ聖徳太子十七歳の時の姿をあらわした孝養像《きようよう》が鎌倉時代中期以降に多く造立された。さらに東を向いて「南無」と称えたという二歳の姿をあらわした南無仏太子像が一三〇〇年前後に多く造立され、その信仰と造像の最盛期を語っている。

鎌倉時代には、単に日本で最初に仏教を篤く保護した人物として聖徳太子を顕彰するだけのものではなく、聖徳太子の功徳によって自らの菩提《ぼだい》や親兄弟、そして夫や妻などで亡くなった者たちの供養を願う、いわゆる回向供養の信仰も生まれ、実在の人物を超えて、仏菩薩に近い存在になっていった。また、南岳慧思禅師の後身、加えて観音の化身といった信仰も根付いていった。このような聖徳太子信仰のなかでこの縁起を書写したとも考えられている。

後醍醐天皇は真言密教の開祖である空海関係の遺品を縦横無尽に使用し、あるいは書写してきた。ここで、この『四天王寺御手印縁起』の書写は、仏教を日本に広めた日本仏教の初祖とでもいうべき聖徳太子にまつわるものに関係することで、日本仏教の要点を押さえたことにもつながるのではなかろうか。(2)

また、「堂内を出すべからず」と寺外へ持ち出すことを禁止している。「そもそも当寺は仏法最初の霊地」と四天王寺の正統性をアピールしているが、「当寺」とあることから、後醍醐天皇が四天王寺にて記したものと考えてもよさそうであるが、四天王寺に参詣したとの記録もない。後に触れる『金剛峯寺根本縁起《こんごうぶじこんぽんえんぎ》』の場合も、「已後、寺外に放ち出すべからず」とあたかも金剛峯寺にいるかのように記すが、これも宮中に召して書写したものである。後醍醐天皇の場合、各地の秘宝はすべて宮中に取り寄せるパターンである。さらに、後にも記すが、後醍醐天皇自らが写した縁起はほとんど寺外に持ち出し不可と記している。美術作例のなかでも絵巻物など巻子装の作例には、巻末の奥書に持ち出し不可である旨が記される場合が多い。それはとりもなおさず持ち出されてしまう場合が多く、持ち出された後に元の所蔵者に戻らないケースがあったからこそ、あえて禁止事項として盛り込むのであると思われる。それに加え、後醍醐天皇の場合は、単に持ち出し不可を特記しているのではなく、従来から重宝であったものを後醍醐天皇が閲覧し、その後に書写あるいは加筆を行い、返納することによって、今まで以上に重宝とさせる意図が働いているようである。聖なる重宝に自分が加わることで霊宝とさせるような感覚である。

冥応を求めて

さて、聖徳太子信仰以上に注目すべきは、そもそもの縁起の奥書であり、そこには、

乙卯の歳、正月八日、皇太子仏子勝鬘《しょうまん》、これ縁起文を金堂内に納め置く、濫《みだ》りに手跡を見らるべからず狼也

とあり、「皇太子仏子勝鬘」つまり聖徳太子が四天王寺金堂に納め置いたとしているのだが、そしてそれが乙卯歳、推古三年正月八日のことである。後醍醐天皇による奥書末尾には「乙卯歳孟春八日、乙亥歳仲夏八日、測ずして歳日は和合せり、冥応あるに似たり」とあり、「乙」という十干と「八日」という日がはからずも一致したといい、「冥応」という不思議な力が働いているようだと自ら感心したように言っている。仏の計らいが働く「冥応」という言葉を用いるのも後醍醐天皇の持ち味である。これは後醍醐天皇が言うようなたまたまではあるまい。あえてなぞらえておきながら、不思議な御縁であるように記す点

である。後醍醐天皇は縁日や命日など特別な日を強く意識しているようである。とはいうものの、縁日や祖師の忌日はこの頃には一般的にも強く意識されている。縁日は功徳がより大きいとされており、仏事や法会、参詣などが行われた。後醍醐天皇の場合、空海や聖徳太子など、祖師にまつわる縁日を冥応としている点が特色なのである。

さらに後醍醐天皇が書写した「十八日」はいわずもがな観音の縁日である。書写日を十八日に選んだのも、聖徳太子が観音の化身であるとの鎌倉時代における思潮によるものであろう。閲覧日から書写日まで十日間というのも意図的である。八日を『四天王寺御手印縁起』と同じ閲覧日とし、十八日を観音の縁日になぞらえて書写日としている点は、後醍醐天皇の縁日を好む姿がみえるのである。後醍醐天皇のこだわりとして、つまりそれが「冥応」であり、やはり特記しておくべきであろう。

さて、この年建武二年の七月、信濃《しなの》（長野）に逃れていた鎌倉幕府最後の執権《しっけん》である北条高時《ほうじようたかとき》の息・時行《ときゆき》が挙兵し鎌倉を攻略した。ただちに翌八月、足利尊氏と直義が鎌倉を奪い返した。中先代《なかせんだい》の乱である。時に尊氏は征夷大将軍《せいいたいしようぐん》を望んだが後醍醐天皇に拒否された。しかし、十月に侍所《さむらいどころ》をおき武家政権の地盤を固めつつあった時期である。後醍醐天皇の周辺、特に武家をとりまく状況は不安定であった。

『東寺長者補任』によると、十月二十一日、東寺講堂にて百座の仁王会が弘真のもと開かれている。「東寺六か条の立願」にある、講堂にて仁王般若経を修することに相当する。当然これも後醍醐天皇の求めに応じて行われた法会である。同じ『仁王経』でも旧訳と新訳といって二種ある。インドから中国に請来された原本を中国語である漢文に翻訳した訳者が異なり、時期がずれるのでこう称されるのだが、百座の仁王会は前者の旧訳に、密教の仁王経法は後者の新訳に基づく。百座の仁王会は百人の僧侶を集めて行われるので、相当大がかりな法会であり、これも天皇の権力があってこそ行われるものである。おそらく鎌倉における尊氏や直義らの動きに対して、後醍醐天皇が望んだものであろうが、実質的な武家の動きに対して、仏教の法会で対抗している姿とも受け止めることができようか。まるで天皇は、宗教的な頂点であることをことさらに示すようである。

神護寺での灌頂

ついで、『瑜伽《ゆが》伝燈鈔《でんとうしょう》』によると、

建武二年閏十月八日、神護寺《じんごじ》において仁王経大法《にんのうきょうたいほう》を結願《けちがん》し、主上《しゅじょう》を御加持す、五大堂臨幸《りんこう》され、同十五日、結縁灌頂《けちえんかんじょう》、大阿闍梨《だいあじゃり》となし、これを行ぜらる、同十六日、灌頂院において具支灌頂作法一夜の儀を授けたてまつる、東寺の道具、これを出され、御

筆の九鋪の曼荼羅《まんだら》、これを懸く

とあり、文観房弘真が閏十月八日には神護寺にて仁王経大法を行じ、後醍醐天皇の加持を行い、五大堂に臨幸したという。後醍醐天皇も神護寺に臨幸したのであった。

後醍醐天皇は東寺講堂と神護寺と場を移しても護国目的の仁王経を修している。東寺は旧訳に基づき、神護寺では新訳に基づいたのである。そして十五日には結縁灌頂を行ったとしている。翌十六日には灌頂院にて具支灌頂作法一夜之儀を授けたが、東寺の道具を用いて、空海御筆の曼荼羅を懸けたという。道具は金剛杵《こんごうしょ》などの密教法具のことである。空海御筆の曼荼羅とは、紺紙《こんし》に金泥《きんでい》で諸尊が描かれた高雄《たかお》曼荼羅のことであろう。

高雄曼荼羅は前述したように、後宇多院が破損している状態を歎き、修理を命じて、延《えん》慶《きょう》二年（一三〇九）正月に修理を終えて奉納していた曼荼羅である。それを後醍醐天皇は自らの灌頂の際に用いているのである。父・後宇多院が修理させ、それを子の後醍醐天皇が用いるというこれまた父子連携プレーのようでもあるが、空海とそれにまつわる重宝にあくまでも固執する父子でもある。

しかも、空海にまつわる遺品のなかでも、瑜祇灌頂の時の犍陀《けんだ》穀子《こくし》といい、ここでの御筆の両界曼荼羅といい、日本密教の根本たる道具といってよい代物を好んで、しかも積極的に用いている父子である。

神護寺は空海が唐から帰朝し、九州の太宰府《だざいふ》（福岡）・観世音寺《かんぜおんじ》を経て、和泉《いずみ》（大阪）の槙尾山寺、そして神護寺（高雄山寺《たかおざんじ》）に入住し、しばらく住んでいた寺院である。(3) 弘仁元年（八一〇）十月二十七日には国家鎮護《ちんご》のために、新たに請来《しょうらい》した『仁王般若経』『守護《しゅご》国界主陀羅尼経《こっかいしゅだらにきょう》』などを用いて、仁王経法を修することを朝廷に願い出た。ほどなくして許可を得て十二月一日に修したのであった。さらに同三年十一月十五日、金剛界の灌頂を行い、さらに十二月十四日には胎蔵の灌頂を行っている。つまり空海によって日本ではじめて仁王経法が修され、最初に伝法灌頂が行われた記念すべき場であったのである。神護寺の檀越《だんおつ》であった和気《わけ》氏も灌頂の列につらなっているが、そのなかに最澄も神護寺にて空海より伝法灌頂を受けていることはよく知られており、最澄の弟子であった泰範《たいはん》が最澄のもとを去り空海の弟子となるなど、真言密教が繁栄する第一歩となった寺院である。

『灌頂暦名』

その時に空海から灌頂を受けた人々の交名《きょうみょう》が神護寺蔵の『灌頂暦名《かんじょうれきめい》』（図22）である。まず金剛界《こんごうかい》の灌頂が行われ、そこには、

弘仁《こうにん》三年十一月十五日、高雄山寺において金剛界灌頂を受くる人々の暦名

として、灌頂を受けたその筆頭に「釈最澄」との名が記されている有名なものである。ついで胎蔵《たいぞう》の灌頂で、

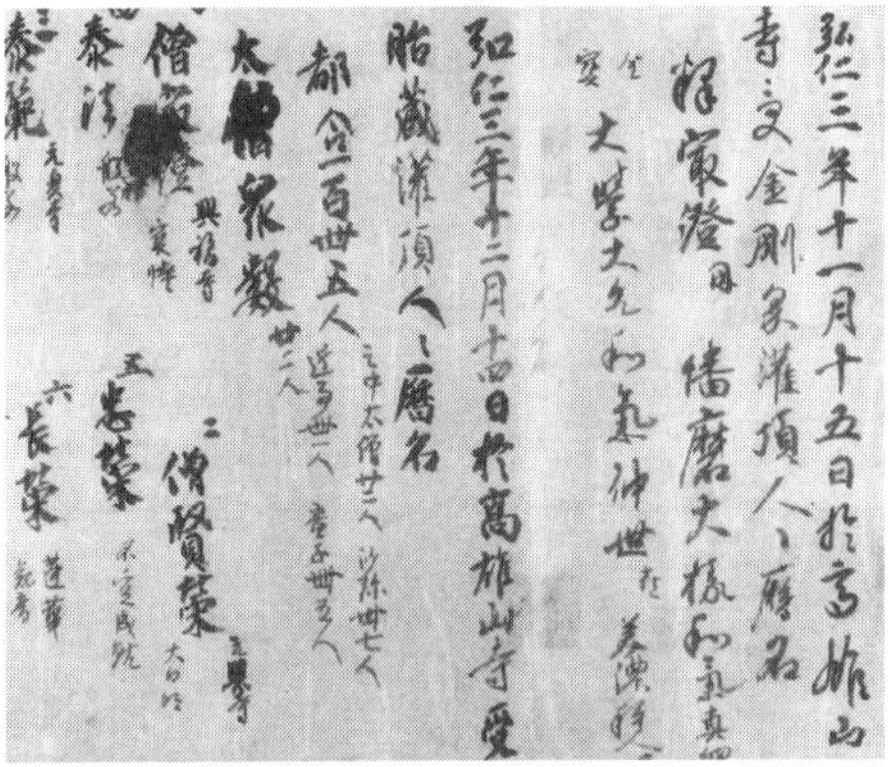
弘仁三年十一月十五日於高雄山
寺受金剛界灌頂人々暦名
弘仁三年十二月十四日於高雄山寺受
胎蔵灌頂人々暦名

図22　『灌頂暦名』（神護寺蔵）

弘仁三年十二月十四日、高雄山寺において胎蔵灌頂を受くる人々の暦名

として、その筆頭はやはり「僧最澄」である。これは空海が密教を日本に請来し、最澄が弟子の体裁をとった、また、両者の交友が語られる時に必ず用いられる史料である。「後宇多法皇と密教遺品」の項でも述べたが、ここでさらに『灌頂暦名』について興味深いのは、後宇多院が神護寺に納めたという「施入状」が付属していることで、そこには、

図23　八幡菩薩画像（神護寺蔵）

施入
弘法大師御筆一巻当寺灌頂記録
右は去る六月十三日、鳥羽勝光明院宝蔵《とばしょうこうみょういんほうぞう》
に幸し、撰び出すところなり、
当寺の規摸なるにより、神護寺に納めた
てまつるの状、くだんのごとし
徳治三年六月廿日阿闍梨金剛乗《こんごうじょう》

とあり、納めたのは徳治《とくじ》三年（一三〇八）六月二十日だが、その一週間前に金剛乗（後宇多院）が京都の南郊にある鳥羽の勝光明院の宝蔵（鳥羽宝蔵）で選び出したという。『灌頂暦名』を、神護寺の規摸（手本）であるものなので納めたのである。

徳治三年は、三月にいたんだ高雄曼荼羅を見て、その修復を命じた年である。後宇多院はこれより以前、嘉元《かげん》四年（一三〇六）十二月十日に同じく鳥羽宝蔵より僧形八幡神画像《そうぎょうはちまんしんがぞう》（図23）を神護寺に納めている。これも、もともと神護寺にあった画像で、散逸していた神護寺関係の宝物を、元に戻しているのである。勝光明院は鳥羽上皇が保延《ほうえん》二年（一一三六）に建立した寺院だが、鳥羽宝蔵はそれ以前からあったと考えられている。さらにさかのぼるが、小野流の義範《ぎはん》と範俊《はんしゅん》が師の成尊《せいぞん》の正嫡を争った際に、勅命《ちょくめい》によって空海関係の聖教類《しょうぎょうるい》がこの宝蔵に納められることになった。管理は範俊の弟子の厳覚《げんかく》が担当することになり、以後は勧修寺《かじゅうじ》の管理するところとなっていった。おそらくこの頃に神護寺の『灌頂暦名』も宝蔵に入ったかと思われるが、後宇多院はこれが勝光明院の宝蔵に納められていることを知っていたのであろう。高雄曼荼羅の修復と『灌頂暦名』の神護寺への返還の時期が極めて近い頃であるので、これを偶然、後宇多院が鳥羽宝蔵で見つけたと考えるほうが不自然であろう。これまた父子ともに「冥応」を強調しているようにも思える。当然、後醍醐天皇もこれら鳥羽宝蔵に関する経緯について見聞していたはずだし、神護寺にまつわる父・後宇多院による『灌頂暦名』の鳥羽宝蔵からの返納や高雄曼荼羅修復の一件も知っていたはずである。

足跡をたずねて

いずれにせよ、神護寺は後醍醐天皇にとっても東寺や高野山に先立つ場として、密教の根源たる聖地であった。そこで仁王経大法と灌頂を行うことは、まさに空海の足跡を後醍醐天皇がそのままなぞっていることなのである。しかも後醍醐天皇による仁王経大法と灌頂が閏十月十五、十六日であり、一方、空海が修法と灌頂を行ったのが弘仁元年の十月、そして弘仁三年の十一月十五日、十二月の十四日であった。このことをみて、想像をたくましくすれば、それぞれの仏事が行われた月日までをも空海を最良の手本とし、自らと空海を重ね合わせている感が強いのである。先の『四天王寺御手印縁起』でみた「冥応」という名のもとにある縁《えにし》のある日（表2）へのこだわりであり、そこにつらなろうとすることが後醍醐天皇の姿勢と考えてよかろう。

ここまでくると、思慕や尊崇の感情を通り過ごして、空海が残した足跡を忠実にたどろうとし、目標としていると考えられまいか。後宇多院は空海を思慕したが、後醍醐天皇はそれを超えて、空海のように真言密教のなかで崇められる存在になろうとしている。周囲がどう思うかは別として、本人の志向には空海があったのであろう。

後醍醐天皇の神護寺《じんごじ》での灌頂については、年代はややくだるが、中原師守《なかはらもろもり》の日記『師守《もろもり》記《き》』第三、康永《こうえい》四年（一三四五）五月十日の条に「寺院行幸御逗留例《じいんぎょうこうごとうりゅうのためし》」として、

建武二年閏十月十五日、天皇、高雄《たかお》神護寺に行幸、灌頂に依るなり、十六日、早旦、栂尾《とがのお》に臨幸し、申剋に還御す、則ち金堂に臨幸す、曼荼羅供を行ぜらる

十七日、大覚寺殿に臨幸す、夜に入りて還御す

とある。十五日に高雄神護寺に行幸し灌頂があったことや、翌十六日の金堂にての曼荼羅供などについて記されており、『瑜伽伝燈鈔』の内容に一致する。十七日には実弟の性円がいる大覚寺に立ち寄っている。これら一連のことは、公家の日記に記されるほどよく知

表2　縁日表

縁日名	縁日	後醍醐天皇の事績	年月日
弘法大師命日	三月二十一日	道順より許可灌頂 東寺御影堂勧学会談義	正和元年三月二十一日 元亨二年三月二十一日
観音縁日	十八日	『四天王寺御手印縁起』書写	建武二年五月十八日
聖徳太子と『四天王寺御手印縁起』	八日 乙亥	『四天王寺御手印縁起』閲覧 『四天王寺御手印縁起』太子、納置	建武二年五月八日 乙亥
空海、神護寺にて灌頂	十五日	神護寺にて灌頂	建武二年閏十月十五日
愛染明王	六月一日	宗像真性によって奉納	嘉暦二年六月一日

られていた後醍醐天皇の行幸と灌頂だったのである。後醍醐天皇からすれば、神護寺での灌頂は内外に示威する大々的なデモンストレーションであり、空海と同じであることを誇示するものであったのかもしれない。

後醍醐天皇と舎利・宝珠

ついで閏十月二十三日には東寺長者が恒例としている仏舎利勘計を宮中にて行っている。後醍醐天皇は奉請《ぶしょう》をしばしば行ってきた。舎利を好んでいる。

舎利は基本的には釈迦の骨や歯であるが、実際問題としてそれが鎌倉時代の、しかも日本に伝来するはずもないのだが、美麗な宝石が舎利と考えられていたようである。舎利は如意宝珠に通じ、それはとりもなおさず王権にも通じるものと考えられていたが、この辺の関係については阿部泰郎氏の論考に詳しい(4)。歴代天皇のなかでも東寺の舎利に格段の関心を持ったのが後宇多院と後醍醐天皇であった。

さて、「東寺長者弘真仏舎利奉請状」が残されている。それは、

建武二年後十月廿三日　仏舎利於
禁裏《きんり》二間　勘計《かんけい》　千四百五十五粒

十七粒　御奉請
一粒　准后御方《じゅごうおんかた》
一粒　恵鎮上人《えちんしょうにん》
法務僧正弘真《ほうむそうじょうこうしん》（花押）
一粒高尾寺　一粒高山寺云々　同廿四日御施入之

というもので、宮中清涼殿《せいりょうでん》の二間において東寺長者の文観房弘真が東寺秘伝の舎利を勘計したという奉請の記録である。それによると千四百五十五粒が数えられ、そのうち十七粒を後醍醐天皇が手に入れ、一粒を自らの寵妃阿野廉子《あのれんし》に分けたという。さらに興味深いのは一粒が恵鎮上人円観《えちんしょうにんえんかん》に分けられたことである。円観（一二八一〜一三五六）は去る元徳三年（一三三一）の五月、いわゆる元弘の乱にて鎌倉幕府に対する呪詛《じゅそ》の罪で弘真とともに幕府に捕えられ、奥州に流された天台の律僧である。鎌倉幕府の滅亡後には京都に戻ってきていたのであり、しかも、この時期でも舎利分配について配慮する存在であったようである。奉請は後醍醐天皇の従来の強い要請であり、恩賞的な効果として東寺の仏舎利を用いているのである。

さらに神護寺と高山寺にも一粒ずつ分配している。両寺院は真言密教の寺院として極めて重要であると後醍醐天皇が認めたのであろう。奉請は個人のために分与される場合が多く、寺院に対してはそれほど例はない。すでに後宇多院が神護寺に一粒奉請しているので、後醍醐天皇も一粒であるから、計二粒であり、やはり父子ともに空海にまつわる大切な寺院とみなしたのである。

さて、円観は比叡山にて台密を学び、天台教学の根本である円戒の普及につとめた僧で、元応《げんおう》年間（一三一九〜二一）に律院を建立した。後醍醐天皇から年号である元応を下賜され、元応寺とするなど信任が篤い僧であった。延暦寺や建仁寺、建長寺など元号を寺号とする寺院は勅願《ちょくがん》に近い寺院である。しかし、後に足利尊氏が反後醍醐天皇の態勢となり、北朝の光厳《こうごん》天皇を擁して幕府を確立させると、円観は北朝側に沿った活動をすすめ、光明・光厳両天皇の戒師《かいし》となったことでも知られている。それと対照的に弘真が愚直なまでに後醍醐天皇に随い、吉野や金剛寺で密教僧として活動していたことを考えると、円観はよく言えば機を見て敏、悪く言えば、やや変わり身の早い僧であったようである。

3　親政の終末期

『金剛峯寺根本縁起』

建武二年（一三三五）十二月二日には後醍醐天皇が高野山に伝来した『金剛峯寺根本縁起《こんごうぶじこんぽんえんぎ》』を自ら書写し、朱の手印を捺している。この『金剛峯寺根本縁起』も『御遺告《ごゆいごう》』同様に空海自身の著作物として仮託されたものだが、実際は、平安時代十一世紀に制作された縁起と考えられている。内容は丹生明神《にうみようじん》から空海が高野山の土地を譲られて、開創となったことが記される。この縁起はもともと京都・鳥羽の勝光明院にあったものが見いだされ、平治元年《へいじ》（一一五九）、時の東寺長者であった寛遍《かんぺん》によって高野山御影堂《みえいどう》に納められた。勝光明院には神護寺蔵の僧形八幡神画像《そうぎようはちまんしんがぞう》や空海の『灌頂暦名《かんじようれきめい》』でもみたように、種々の宝物が方々から集められ納められていた宝蔵があった。それが高野山に戻されて以来、山の重宝として大切に伝来されており、後醍醐天皇の書写にいたったものである。

この縁起は高野山が境界を主張する争論の折りに、高野山寺領の範囲を確認するために典拠とされた根本資料となっていたものである。去る元弘三年《げんこう》（一三三三）に、後醍醐天皇はこの縁起に基づいて高野山の寺域を保証する綸旨を出している。高野山にとっては空海真筆の縁起であり、いずれのものを差し押さえて、極めて重要な縁起であった。ここで想い起こされるのは、後宇多天皇が大覚寺において『弘法大師伝』を書写したことであろうか。父子ともに空海と高野山にまつわる伝記・縁起を書写していたということになる。

空海は神護寺での灌頂の後、弘仁《こうにん》七年（八一六）に高野山の開創を嵯峨天皇に願い出て、勅許《ちょっきょ》を得て開山となったことはよく知られている。つまり、後醍醐天皇にとって、神護寺での灌頂や仁王経法《にんのうきょうほう》など空海の事績をなぞった次のステップとして、高野山の根本縁起を書写することに必然性があったものと思われる。一連の行跡も「冥応《みょうおう》」として、空海の行跡にはからずも一致したというスタンスであったといえよう。

後醍醐天皇がこの縁起を書写することによって、元弘三年の綸旨とともに高野山の寺領を内外に安堵する意ともなる。これは自らの立場と地位を考慮して、高野山にとっても有益と判じての書写であると思われる。後宇多法皇と同じく、真言密教の根幹となる縁起や書物に対し、格段の興味を示し、それを好んでいる姿がうかがわれるが、それ以上に自らが治天の君であることも効果的に用いているのであろう。奥書には、

この本をもって正本に擬すとなす、その手印を捺すなり、今より已後、寺外に放ち出すべからず

建武二年十二月二日令正畢

とあり、自らが書写したものを正本と同等のものとし、やはり寺外不出としている。空海の記した『金剛峯寺根本縁起』と同じくらい重要なものが自らが記した写本なのである。

さて、これもどこで後醍醐天皇が写したのかが問題である。

高野山史の基本史料である『高野春秋《こうやしゅんじゅう》』には、建武二年に後醍醐天皇が高野山に参詣したとの記事は見あたらない。つまり後醍醐天皇は都にいたはずである。これも観心寺《かんしんじ》の不《ふ》動明王《どうみょうおう》や『四《し》天王寺《てんのうじ》御《ご》手印縁起《しゅいんえんぎ》』を宮中に運ばせたことと同様に、後醍醐天皇が宮中に召すことを自らが望んだに違いない。誰か不明であるが、おそらく金剛峯寺から重宝を運び出せる力のあった僧侶であると思われ、『金剛峯寺根本縁起』を京都にいた後醍醐天皇のもとに運び、閲覧、書写にいたったのであろう。いつも記す「門外不出」であるが、好意的に解釈すれば、重宝を保護する姿勢であり、書写することで正副二本が制作されれば、原本の保存を考えると極めて良いことである。悪意に解釈すれば、自分はモノを京都に召しておきながら、自分はさておいて門外不出とし、他者には厳しい態度である。東寺の仏舎利同様に後醍醐天皇には「ふさわしい器」があるものとしてそれが可能なのであるとの判断なのであろうか。また、それが天皇として世俗的な王権なのか、宗教的な王権なのか問題であろう。

弘真による三衣、東寺に施入

一方、文観房弘真は十二月十三日には三領の袈裟とそれを納める容器である鉢を東寺西《さい》院《いん》御影堂に納めた。その時の施入状が東寺に残されているが、それには、

施入したてまつる　東寺西院御影堂
　三衣《さんね》ならびに鉢
右の三衣のうち五帖《ごじょう》九帖は禁裏に御相伝の大師御袈裟をもって写せしところなり、七帖は恵果《けいか》和尚より大師が御相承の御袈裟なり、相伝は別にあり三衣一鉢は共に御影堂の重宝となし永代に奉施入したてまつりおわんぬ、更に他所に出すべからずの状くだんのごとし
　建武二年十一月十三日、僧正法務弘真（花押）

とあり、三衣のうち、五帖（条）と九帖（条）の袈裟は宮中にて相伝されていたもので、空海が着用した袈裟のコピーものであるという。また、七帖（条）は空海が恵果和尚から

相承したものであり、これら三衣と一鉢を御影堂に奉納し、重宝とすることでここでも他所へ出すことを禁止している。これもまた空海関係の重宝である。宮中に相伝した袈裟は当然ながら後醍醐天皇から弘真が拝領したものであろう。空海の袈裟のコピーであるが、やはり空海の袈裟と同じデザインであることが重要なのであり、門外不出としている点も後醍醐天皇による命と考えることが無難である。

この九帖の香染如法衣《こうぞめにょほうえ》一領は現在も東寺に伝来している。平安時代後期の作例とされるものだが、萌黄地花唐草文金襴《もえぎじはなからくさもんきんらん》の袈裟包《けさつつみ》の裏地に、

東宝記ニ云
青龍《せいりゅう》和尚の香袈裟　一帖　九帖
右は真僧正、内裏よりこれを拝領す
建武二年、これを施入す

とあり、「東宝記ニ云」として、内裏より拝領した青龍和尚（恵果）の袈裟を弘真が納めたとあり、先の施入状とほぼ同じ内容となっている。

この恵果の袈裟（図24）については、今の美術史の判断では平安時代の日本の作例であ

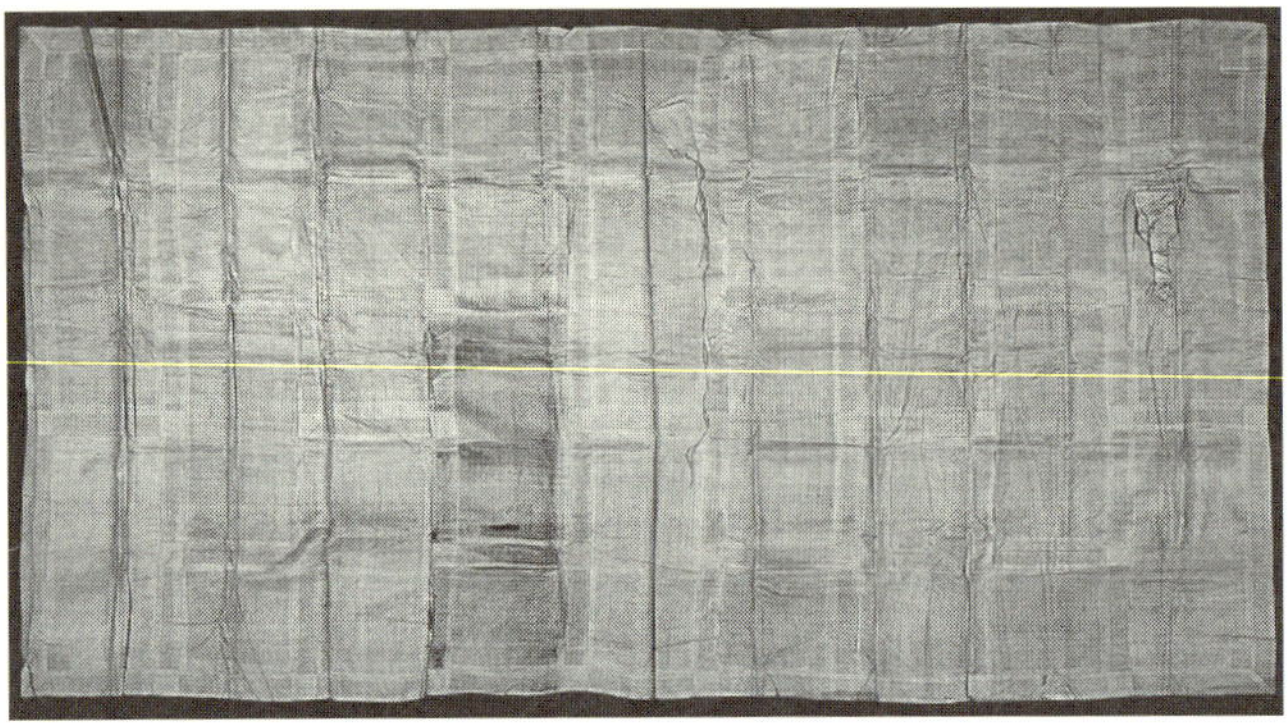

図24　香衣如法衣（教王護国寺蔵）

るが、その当時では恵果相伝であったので、誤った伝承ということになる。後醍醐天皇も弘真も偽経や偽書、また空海在世の時よりやや時代の下がるものでも本物として重宝扱いしていたのか、と思われるかもしれないが、重宝のなかには実際の制作年代とは異なる伝承を持つものも多いのである。それは宮内庁の聖徳太子肖像画とされてきたものが現在では唐本御影と称され、神護寺の源頼朝肖像画とされてきたものが足利直義となり、さらに足利尊氏画像が騎馬武者像となるように、現代でもそれまでの伝承の強さと実際の制作年代や名称の訂正はみられるのである。それよりも、そのものの実態以上に、「聖なる伝来や由来」が重視される点が面白いのである。

いずれにせよ、恵果から空海に相伝されたと伝える香袈裟が宮中に伝来していたのであり、後醍醐天皇が東寺に納めるために弘真に託したのであった。

後醍醐天皇は空海や東寺にまつわる重宝を持ち出しもするが、東寺に宝物を納めることもしているのであった。

金剛寺に東寺仏舎利を施入

この年の十二月十五日、文観房弘真の文書と後醍醐天皇の綸旨《りんじ》が金剛寺に残されている（『金剛寺文書』）。

まず、後醍醐天皇の綸旨には、

当寺の本尊のため、仏舎利を献じたてまつらるところなり、殊に天下静謐《せいひつ》と海内安全を祈りたてまつるべし

というもので、仏舎利を奉献するのであるから、天下の静謐と海内の安全を祈らんとの内容である。金剛寺になぜ仏舎利が奉納されたのか詳細は不明だが、先の閏十月二十三日に宮中で行われた東寺の仏舎利奉請と無関係ではあるまい。金剛寺は大覚寺統の八条院領《はちじょういんりょう》であり、後醍醐天皇没後には南朝の行宮《あんぐう》が置かれ、弘真も住むことになった寺院である。また、楠木正成とも地縁からも関連が深い寺院とされている。しかし、この時点では、なぜ

仏舎利が施入される重要寺院とみなされたのか明確な理由がわからない。弘真の推薦があったのだろうが、最終的には後醍醐天皇の判断によるものであろう。

この綸旨に続き弘真の仏舎利施入状が金剛寺には残されているが、それには、

金剛寺住持本尊仏舎利
合五粒内 二粒は東寺、公方よりこれを下さらる
三粒は私にこれを施入し奉る

とあり、五粒もの仏舎利を金剛寺の本尊のために施入している。そのうち、二粒は東寺の仏舎利で後醍醐天皇からの施入であり、三粒は弘真みずから施入したものであるとしている。空海ゆかりの神護寺にでさえ仏舎利は一粒であったし、真言聖教が多く集められて、学問の聖地であった高山寺にも一粒である。先にも見たが徳治《とくじ》三年（一三〇八）には後宇多院による奉請によって神護寺に一粒分与され、父子からそれぞれ一粒ということになるが、それでも計二粒である。したがって、金剛寺に対して後醍醐天皇から二粒でも、東寺仏舎利が計五粒もの多さは破格の扱いとみなしてよかろうし、金剛寺をよほど重要視していたものと思われるのである。それに加えて弘真の文書があり、それには、

東寺仏舎利、申し下すところなり、よって綸旨、これを副える

と、先の後醍醐天皇の綸旨を添えて、東寺の仏舎利を後醍醐天皇の綸旨によってより一層権威づけているのである。これによって天下太平と国家長久の祈願を要求している。空海が唐より請来した東寺の仏舎利は真言門徒にとって究極の代物であり、金剛寺の僧たちにとっても五粒もの数の仏舎利はこの上ない喜びであったにちがいない。

後七日御修法

明けて翌建武三年（一三三六）正月七日には文観房弘真が東寺一長者として後七日御修《ごしちにちのみし》法《ほ》を勤めた。『東寺百合文書《とうじひゃくごうもんじょ》』の「建武三年真言院後七日御修法請僧等事」によると、弘真が金剛界を勤めている。

　一見すると平穏無事に行われはじめたはずの後七日御修法だったが、足利尊氏の京都奪回がすでにはじまっていた。修されていた最中に尊氏が京都に攻め入ったのである。後七日御修法もわずか三日で打ち切りということになった。『東寺長者補任《とうじちょうじゃぶにん》』に、

同（建武）三年丙子　二月廿九日延元を改元す当年の結縁灌頂これなく。

長者僧正
法務後七日これを行ず、但し十日まで三箇日これを勤む、真言院を棄て山門に参りおわんぬ、御影供これを行ず、但し手代の潤恵法印が供養法これを勤む、手代の初例か、執事は栄海僧正なり、

とあり、「但し十日まで三箇日これを勤む」とされている。この年は建武政権が崩れ落ちる時期でもあった。中先代の乱にて前年の八月に足利尊氏は鎌倉に下るが、十月には政権を取るべく京都をめざし、十二月には新田義貞を破り、明けて三年正月十日に一時的に京都に入ったのであった。内裏も危くなり、後醍醐天皇は近江坂本に一時逃れた。山門周辺は防御には最適の場所であった。しかし、二条富小路《にじょうとみのこうじ》の内裏は焼亡してしまう。金剛寺の不動明王や円教寺の栴檀像《せんだんぞう》などをはじめ数々の宝物が焼失してしまうのもこの時である。ところが、京都を平定することができなかった尊氏は二月には一旦、九州まで下った。まことに緊迫した状況だったのである。

二月二十九日、建武から延元へと改元され、翌月の三月二十一日の弘法大師遠忌には『東寺長者補任』にあるように、御影供を手代の潤恵法印が行じたという。手代の初例としている。潤恵は弘真の付法者であり、そして執事は栄海である。後醍醐天皇が印可を授

けられた勧修寺流の栄海であり、依然として後醍醐天皇に関係する僧が担当している点も注目されるところであろう。

足利尊氏による政権樹立

さて、足利尊氏は四月には九州から再び京都をめざし、五月には備後《びんご》（広島）・鞆《とも》の浦《うら》、摂津《せっつ》（兵庫）・湊川《みなとがわ》と軍を進め、下旬には京都に入った。この度は正月の時とは異なり、万全であった。八月十五日には持明院統《じみょういんとう》の光明天皇を擁立《ようりつ》して朝廷を樹立した。後醍醐天皇は光明天皇より太上天皇《だいじょうてんのう》の称号を与えられ、上皇となるはずであった。後醍醐天皇のことを後醍醐院と称している史料も多い。ところが、後醍醐天皇は最後まで天皇であり、自身はあくまでも当今という意識を持っていた。

その間の六月には文観房弘真の次に醍醐寺第六十五代座主に賢俊《けんしゅん》が補せられる。賢俊は前述したように尊氏より篤い信頼を得ており、尊氏が五月に備後・鞆の浦に寄港した時には光厳院の院宣を賢俊がたずさえて伝えている。この院宣によって楠木正成等を討つことができるようになり、尊氏が朝敵

弘真（東寺長者第百二十　醍醐寺座主第六十四代）
├ 賢俊（東寺長者第百二十三　醍醐寺座主第六十五代）
└ 成助（東寺長者第百二十一）

東寺長者の系譜

となら ずにすんだ、重要なものだった。

賢俊は例えば『続伝燈広録』「大僧正賢俊伝」では、真言宗を汚した不快な僧・弘真から東寺長者など真言の要職を奪い返した僧のように記されるが、賢俊は弘真の付法でもあるので、いわば順を追って座主になったように思われる。賢俊が醍醐寺座主となった時の天皇はまだ後醍醐である。賢俊と尊氏との関係が密接であったとしても、賢俊が弘真を追い払ったという点は後世の評価であろう。

ついで、東寺長者についても、九月には成助が弘真の次に第百二十一代東寺長者になるが、成助も弘真の弟子筋である。成助（一二九七〜？）は後宇多法皇の伝法灌頂師であった禅助の弟子で、禅助と同じ真光院に住した。元徳元年（一三二九）の暮れに聖尋《しようじん》が東大寺の強訴《ごうそ》によって翌年の後七日御修法を勤めることができなかった時に大阿闍梨を勤めたのも成助である。そのことから判断しても、後醍醐天皇に近い関係の密教僧であったと思われる。醍醐寺座主にしても東寺長者にしても弘真の付法が弘真の次席となるのである。尊氏が政権を奪取するという世俗的な交代があっても、密教寺院の長の交代は時に異なるようである。

尊氏は幕府を開き室町幕府体制が確立された。十一月七日には幕府の法令である「建武《けんむ》式目《しきもく》」の発布などが着々と進められ、武家権門の幕府が成立したのであった。

註

（1）大阪市立美術館監修『聖徳太子信仰の美術』（東方出版、一九九六年）。

（2）武田佐知子『信仰の王権　聖徳太子』（中央公論社、一九九三年）。

（3）武内孝善『弘法大師空海の研究』（吉川弘文館、二〇〇六年）。

（4）阿部泰郎「宝珠と王権　中世王権と密教儀礼」（岩波講座東洋思想『日本思想』一所収、岩波書店、一九八九年）。

第五章　吉野での後醍醐天皇と密教

1　南　朝

南朝の成立

足利尊氏が政権の基礎を固めはじめた頃、後醍醐天皇は延元元年（一三三六）十二月二十一日、京都をひそかに出て、吉野に入った。そこで朝廷を開いた。南朝の成立である。しかも京都から大切に神器を携えて吉野に赴いた。神器については元弘の乱の際に笠置山に籠もった時と同じである。しかも今回も光明天皇に渡した神器は偽物であるとした。一度ならず二度までもその手が通じるものなのだろうか。モノに固執する後醍醐天皇であり、いったい後醍醐天皇は信頼できる人間がいたのかと思わせるほどである。

南朝の人員構成については森茂暁氏の『南朝全史』(1)に詳しい。それによると公卿等も大勢が南朝に随い、補任なども行われ、人事面でも整備されていたものらしい。森氏は南朝における公卿補任に関する史料が少ないなか、宗良《むねよし》親王によって南朝の天皇や公家の歌が撰集された歌集『新葉和歌集《しんようわかしゅう》』などから公卿の肩書き等を綿密に収集して、その構成を明らかにされている。

一方、南朝に随った僧も多い。そのほとんどが密教僧である。その代表がすでに何度も登場した文観房弘真であり、道祐《どうゆう》も随っている。『醍醐寺新要録《だいごじしんようろく》』巻第十四、「醍醐座主次第」に道祐の動向が記されている。「建武三年の冬、門跡所職《もんぜき》等を捨て、芳野《よしの》の行宮《あんぐう》に参じ住す」とあり、後醍醐天皇が京都を出た十二月にはすべてをなげうって、芳野（吉野）に馳せ参じたようである。だが、『弘鑁口説《こうばん》』のように「道祐は南方へ没落ありし時」と少々ひどい言いまわしをされているケースもある。さて、弘真がこの時に随ったか史料がないが、そう時をおかず吉野に行ったものと思われる。その他、醍醐寺理性院《りしょういん》流の顕円《けんえん》、金剛王院《こんごうおういん》流の実助なども南朝に移った密教僧であった。

性円法親王の南朝行き

再び、後醍醐天皇の同母弟である性円法親王《しょうえんほっしんのう》についてである。さきに『東寺王代記《とうじおうだいき》』の建武《けんむ》二年（一三三五）の条でみたように、性円は常磐井殿《ときわいどの》で中宮の御産のために、孔雀経《くじゃくきょう》法《ほう》を修しているので、建武年間には大覚寺門跡《もんぜき》として京都で活動していた。

ところが、年代は下る文書であるが、文化《ぶんか》十二年（一八一五）の「大覚寺《だいかくじ》安井両門跡由《やすいりょうもんぜきゆい》緒書《しょがき》」（『大覚寺文書』上巻）をみてみよう。安井門跡は仁和寺《にんなじ》に属する蓮華光院《れんげこういん》のことで、太秦《うずまさ》の地にあった。地理的にも仁和寺と蓮華光院、大覚寺はごく近い。仁和寺御流の祖・守覚《しゅかく》法親王の弟子に道尊《どうそん》がおり、道尊を流祖とする法脈《ほうみゃく》を安井流と称する。大覚寺門跡と安井門跡は当然ながら密接な関係にあったが、その両者の由緒書である。

大覚寺の御住職の後、上皇は吉野へ臨幸し、旧院《後宇多》御流、南都額安寺の御相続のため性円親王より御入壇、同宗の大事等を御相承云々、但し旧院《後宇多》晏駕の後、上皇《後醍醐天皇》の吉野へ臨幸の間、性円親王かの境江御参候ト云々已上、南朝よって大覚寺寺務職の事、武家の計らいのため奏問をへて西院宮寛尊が大覚寺管領となす（下略）

とあり、後醍醐天皇が吉野に朝廷を置くと、性円も随い、吉野に行ったらしい。その間の大覚寺の寺務は武家方のはからいによって亀山院の皇子である寛尊が足利尊氏のために執り行ったという。寛尊は安井門跡であるが、先述したように、性円の付法であり、大覚寺を継いだ僧だった。性円が南朝に赴くことによって留守となっていた大覚寺を執り仕切って当然であろう。しかも武家方のはからいという点も面白い。足利氏が大覚寺を押さえるために寛尊を門跡としたのか、それとも足利氏が後醍醐天皇の実弟・性円が兄の行跡を追ったことを認め、順序として門跡としたのかでまるっきり思惑が異なってくる。政治史的にみれば前者となるが、密教の子弟関係がからむとそう単純にはいかないようにも思える。

いずれにせよ後醍醐天皇が朝廷を吉野に置いた時には実弟の性円が吉野に赴き、その弟子の寛尊が大覚寺を継ぎ、大覚寺が北朝・南朝の両朝廷に対応すべく見事な継投策が行われたということである。後醍醐天皇は実弟である性円から灌頂を受け、吉野に兄が移ると弟が随伴するという、なんともいえない兄弟間の親密な関係がみられる。父にも従順、兄にも寄り添うような性円である。

後醍醐天皇が吉野に行くことで、醍醐報恩院流の文観房弘真や道祐、大覚寺の性円などの密教僧が随ったのであり、まるで野沢《やたく》二流の密教僧の大移動の感がある。朝廷と寺院の密接な関係がうかがわれる。まるで朝廷には密教寺院が不可欠であったかのように、密教僧が吉野近辺へ移住していたようである。

海岸了義

一方、臨済禅《りんざいぜん》での動向をみてみると、特に禅僧が吉野に移住はしていないようだが、そのなかで、大徳寺の開山《かいざん》・宗峰妙超《しゅうほうみょうちょう》(2)の弟子で、吉野に赴き、その帰りに捕えられ斬首《ざんしゅ》された臨済禅の僧に海岸了義《かいがんりょうぎ》がいる。宗峰妙超は赤松円心《あかまつえんしん》が守護であった播磨《はりま》出身で、母方が赤松家の家臣であった。後醍醐天皇との関係は深く、妙超の要請によって海岸了義が吉野に伺候《しこう》したものと思われるが、京都に戻る途中で捕えられた。足利氏が帰依する夢窓《むそう》疎石《そせき》の弟子であらば、生かして通すと言われ、問いただされると、夢窓の弟子ではなく、宗峰妙超の弟子であると死を恐れずに言って斬首になったという。多分に説話的であるが、密使として誤解されたのかもしれない。僧侶は武家や公家と違い、いろいろな所を比較的自由に行き来することができたようだが、南朝成立のこの時期は非常事態、厳戒態勢下にあったのであろうか。

ところで、密教と禅をくらべると、南朝の成立の後に密教僧は移住しても、臨済禅の僧は伺いにとどまるものであった。吉野は高野山にも近く、修験《しゅげん》の聖地でもあった。古来より密教との密接な関係があった吉野であり、密教寺院はあっても、当然ながら鎌倉時代の新興仏教である臨済禅の寺院はない。京都の東福寺《とうふくじ》などは創建当初は、栄西《えいさい》がそうであったように、密教・浄土教・禅の兼学寺院だったが、やがて禅の割合が大きくなっていった。密教僧にとっては違和感のない土地柄であったとしても、臨済禅の僧にとっては不相応な地が吉野であったのかもしれない。後になって、観応《かんのう》の擾乱《じょうらん》の時に南朝によって北朝の光《こう》厳《ごん》・光明・崇光《すこう》の三上皇が吉野・賀名生《あのう》や金剛寺に幽閉されたことがあるが、光厳上皇は臨済禅の孤峯覚明《こほうかくみょう》に深く帰依していたが、その寺院は禅寺の興国寺《こうこくじ》であり、紀州の由良にあった。

吉野を後醍醐天皇が朝廷の場として選んだ理由に、吉野山自体が天然の要塞で、南に吉野山系が広がる地理的条件のほかに、東には伊勢、西には紀州や住吉などと通じた、交通や交易の面でも最適の立地条件であることがしばしば指摘されている。さらに加えれば、密教や修験などの寺院が多くあった点もあるだろう。元弘の乱の場合も真言の息のかかる笠置であったことを鑑みればなおさらである。いわゆる山岳寺院がよりどころとなっている。

2　南朝での密教

『金峯山秘伝』

延元《えんげん》年間（一三三六～四〇）に入ってからは資料は極端に少なくなることもしばしば指摘されている。朝廷のあった吉野が後に高師直《こうのもろなお》によって攻撃を受け、一山灰燼に帰すなど、相当なダメージを受けたからだと思われる。また、後世になって意図的に破棄された資料も多かろう。

図25　金峯山寺（蔵王堂）

吉野の中心寺院に金峯《きんぷ》山寺《せんじ》がある（図25）。蔵王《ざおう》堂《どう》はその根本の堂宇で、現在の堂は室町時代の文禄《ぶんろく》（一五九二～九六）頃に再建されたものだが、今も吉野山に威容を誇っている。本尊は巨大な木造金剛蔵《こんごうざ》王権現像《おうごんげんぞう》であり、修験道においての根幹たる尊格である。修験道と真言密教はこの時期では渾然一体としているが、もともと中世においては宗派意識などはほとんどなく、端的に言ってしまえば、真言でも修験でも御利益があるものはいかなる尊格でも修法対象となるのである。もちろん唐宋から請来《しょうらい》された経典《きょうてん》や儀軌《ぎき》に必ず基づかなければならないなどという条件もない。後にも述べるが、中国撰述でも日本撰述でも偽経《ぎきょう》であっても、一度流布されて、修法や画像の典拠儀軌とされれば、その後は重んじられたのである。それは偽りであるとするのは経典研究者であり、例えば江戸時代に大流行する七福神なども典拠となる儀軌はまったくなく、それをもって七福神信仰は誤りであると言われないのと同じである。

さて、『金峯山秘伝』は延元二年（一三三七）に弘真が記したと考えられているもので、金峯山の信仰やさまざまな修法などについて記された内容である。[3] 注目されるのは、下巻の蔵王権現に、

主上《しゅじょう》の御修行のおんために　蔵王次第《しだい》、これを記し進む　彼の中、これを記しおわんぬ

とあり、主上、すなわち後醍醐天皇の修行のために蔵王権現法の次第を弘真が編纂したと記されている点である。南朝においても後醍醐天皇と文観房弘真の親密な関係がうかがわれるし、また、このことから後醍醐天皇は南朝に移っても実際に自ら密教の修法を行じていたようである。

蔵王権現

蔵王権現は修験の開祖である役行者《えんのぎょうじゃ》が千日間に及び金峯山に籠もって感得したとされる菩薩である。菩薩という名称ながら、顔には三目があらわされ、口を大きく開いた忿怒《ふんぬ》の形相である。さらに右足を蹴上げ、怒り猛々しくあらわされるポーズは、明らかに密教の

明王像の姿を借りて日本で独自に創造されたスタイルである。済生利益のために感得された尊なのだが、おもに悪魔降伏のための菩薩とされる。悪魔降伏といっても対人間ではなく、あくまでも怨霊や悪霊といった目に見えないものに対する降伏である。ただ、この場合は対人間のようにも思えるし、悪魔降伏の修行を後醍醐天皇自らが行うために弘真が撰述した点が注目される。その点も北朝に対する後醍醐天皇の立場や思いを想像させるものがある。

密教経典や儀軌はインドからサンスクリット語の経典が中国にもたらされ、それが漢訳といって中国語に翻訳され、さらにそれがそのまま日本に請来された。経典・儀軌にはそれぞれの功徳や効能、そしてそれを成就するための方法などが説かれ、さらにそこで本尊となる密教尊像の姿・形の特色が細部にわたって説かれている。逆に言えば、密教尊像のほとんどが儀軌に基づいて造られる。

ところが、蔵王権現は我が国において創造された尊格であるので、典拠となるサンスクリット語の経典もなく、当然ながら漢訳された儀軌もない。平安時代末期から隆盛した密教の事相書のなかにも、蔵王権現法なる修法次第は見あたらない。したがって、蔵王権現法も密教の次第を借用して、誰かが創作した内容のはずであるが、それを弘真は後醍醐天皇のためにまとめたのである。日本の密教にそのような類は多い。地蔵菩薩にしても、偽経と言われる中国成立の経典に基づくものであるし、さらに日本で制作された経典もある。愛染明王が典拠とする『瑜祇経《ゆぎきょう》』も中国撰述である。現在の仏教学では古代インド語の、サンスクリットとも梵文とも言われる経典があって、はじめて正統な経典とみなされるが、中国において漢訳されると、どうしても中国感覚になってしまう。さらに、また、日本に請来されれば、梵文経典に正確に基づいて漢訳された経典であるのか、中国感覚でもって撰述された経典であるのか判断する方法もなく、それはインド本来の経典であっても、中国成立の経典であっても、みな同一に扱われる貴重な経典なのであった。したがって日本で成立した儀軌であっても、それさえも儀軌のひとつに含まれ、さらに信仰され修法次第として転用されていったのである。修験の経典にはそのようなものが多い。蔵王権現もその代表的なものだが、姿・形からしても効用ある尊として信仰されたのである。

『小野弘秘抄』

ついで建武三年（一三三六）五月四日から延元四年（一三三九）七月一日にかけて、文観房弘真が『小野弘秘抄《おのこうひしょう》』という事相書を撰述していたことに注目してみよう。「小野」は真言小野流、「弘」は弘真の、「秘」は秘密、つまり真言小野流のなかで弘真が他見を許さない事相書ということである。現在わかっているものでは「後七日御修法《ごしちにちのみしほ》」や「仏眼金《ぶつげんきん》輪合行法《りんごうぎょうほう》」にはじまり、「五字文殊法」「瑜祇経法」などであり、如来法や経法、菩薩法などと順序立てて編纂しているのではなく、適宜に撰述しているようである。

さて、それらの巻末に書かれた奥書を概観すると、「これ偏《ひとえ》に天長地久と御願成就たてまつるなり」という言葉も留意され、後醍醐天皇のためだけに撰述していることもわかるのだが、「勅命を蒙り、これを注進したてまつる」という一文も注目されるところであろう。すなわちこの事相書は後醍醐天皇の勅命によって編纂した書であり、後醍醐天皇に注進している書なのである。建武年間後半の東寺・宝菩提院《ほうぼだいいん》にいた頃から後醍醐天皇のために事相書を編纂する日々を送っていた弘真であると思われるが、それは吉野に移っても同じだったのである。また、後醍醐天皇にしても、先の『金峯山秘伝』でみたように、北朝に対して修法を遂げる毎日であったと想像される。各地で戦闘が繰り広げられている間に密教の修法にいそしんでいたのである。逆に言えば、後醍醐天皇にできることが修法であったと思われる。

なお、『小野弘秘抄』第六の奥書に、

延元々年五月四日、これを記す、巳の剋、重ねて同四年七月九日、清書せしむ、これ偏に天長地久御願成就のおんためなり、東寺座主兼醍醐寺座主大僧正御判とあるように、清書をさせている点も面白い。これは後醍醐天皇のためなのだが、弘真自ら下書き的にまとめた、いわゆる草稿本《そうこうぼん》を清書することで、上装本《じょうそうぼん》という正式な書を作成して、主上に献上するものだったのだろう。装丁などもおそらく華麗なものだったことは想像にかたくない。単に記せばよいというわけではない。優れたものを天皇に進呈しているのである。

頼宝による「瑜祇経灌頂印明」『即身成仏経』の伝授

次にみるのは、元亨《げんこう》二年（一三二二）三月二十一日からはじめられた東寺御影堂《みえいどう》での勧学会談義《かんがくえだんぎ》のところでも少々述べた頼宝《らいほう》（一二七九～？）と後醍醐天皇の関係である。頼宝は東寺学頭《がくとう》を勤め、東寺の学問を興した高僧として知られるが、俗姓などの出自は明らかではない。我宝《がほう》の弟子なのであるが、真言僧の子弟関係を記した『野沢血脈集《やたくけちみゃくしゅう》』をみても、杲宝《ごうほう》の師と記されるだけで、誰の付法か記されていない場合も多い。しかし、杲宝、賢宝とともに「東寺の三宝」と称されるほどの僧であった。だが、没年も明らかではない。

その頼宝であるが、延元《えんげん》二年（一三三七）三月二十八日に吉野の行宮を訪れ、後醍醐天皇に瑜祇灌頂を授け、「瑜祇経灌頂印明《いんみょう》」を与えたとされている。さらに同四年八月五日には再び吉野に赴き、十一日まで滞在し、『即身成仏義《そくしんじょうぶつぎ》』と『菩提心論』を講じたという。『即身成仏義』は空海撰述の書で、真言密教において重要書である。『声字義《しょうじぎ》』と『吽字義《うんじぎ》』とであわせて三部書と称される重き書である。一方の『菩提心論』はインドの密教僧・龍猛《りゅうみょう》が著述し、中国の密教僧・不空《ふくう》が漢訳したとされる書で、空海をはじめ円仁《えんにん》や円珍《えんちん》、宗叡《しゅうえい》らが日本にもたらした。この書も重要書で、多くの僧たちに学ばれる書であった。

頼宝が瑜祇灌頂を授け、『即身成仏義』と『菩提心論』を講じたことは、守山聖真の名著『立川邪教とその社会的背景の研究』(4)のなかで紹介されている。不空訳とされた『大日如来金口所説一行法身即身成仏経《だいにちにょらいこんくしょせついちぎょうほっしんそくしんじょうぶつきょう》』という偽経があるのだが、この経典は天長《てんちょう》二年(八二五)、空海の高弟である真雅《しんが》が東寺で伝授されたということから奥書がはじまる。その後、醍醐寺の義範《ぎはん》や勝賢《しょうけん》、そして憲深《けんじん》に相伝された旨が記され、最後に頼宝が後醍醐天皇より授けられたと記されているのである。それが延元四年八月のことで、後醍醐天皇から頼宝に対して、この経典は最極秘密の経典で空海真筆のものをただ一人真雅が書写したものであり、このことをよく肝に銘じるようにと言われ、頼宝は「帰山」したという。山とは高野山のことであり、この頃には頼宝は高野山に住んでいたらしい。さらに、続けて頼宝は回顧するように、去る延元二年三月に瑜祇灌頂を行い、すべての印明を授けた、その後に勅によって再び、『即身成仏義』と『菩提心論』を読み聞かせ、十二日には高野山に戻ったが、十六日に後醍醐天皇が崩御したので、この奥書を記したのだとある。

『大日如来金口所説一行法身即身成仏経』が偽経であることは、すでに水原堯栄『邪教立川流の研究』(5)にも記されているが、偽経と言ってしまうと、『天長印信《いんじん》』や『御遺告』も偽経ならぬ偽書ということになるが、それはともかくとして、この経典は真雅一人に相伝されたものである点、後に述べる醍醐寺の『天長印信』と同じである。一人だけ相伝となると、経典というよりも秘伝書に近いものになろう。最極秘密の重宝として醍醐寺にて相伝され、それが後醍醐天皇の手元にあったのであった。いったい最極秘密の書はいくつあるのだ、と思ってしまうが、報恩院流祖の憲深に伝わっていたものであるから、おそらく弘真から後醍醐天皇にもたらされたものだと思われる。頼宝はこの経を下賜されて、まもなく後醍醐天皇が崩じたので、よほど感慨があったのだろう、奥書にそれを記したのであった。また、後醍醐天皇にしても自らの死が近いことを予感していたのであろうか、『即身成仏義』と『菩提心論』という重要にしてもっとも基本な書を頼宝に講じさせている。

なお、この偽経は現在、高野山・宝寿院《ほうじゆいん》の所蔵となっている。奥書に「頼宝六十四」とある。となると、生年も辞書などに記される弘安《こうあん》二年（一二七九）とは違ってくる。頼宝の事績については一層の研究が必要である。

図26　観心寺（金堂）

観心寺・金剛寺の勅願寺、そして高野山への綸旨

延元二年（一三三七）四月三十日、河内《かわち》観心寺《かんしんじ》、阿闍梨三口（三名）を観心寺に置くとの宣旨が後醍醐天皇より発せられた。この宣旨には「僧正法印大和尚位弘真申請」とあり、弘真からの助言によるものであると記されている。

ついで、後醍醐天皇綸旨《りんじ》が残されており、年号は記されていないがこの頃と考えられている。それによると、

当寺を勅願寺《ちょくがんじ》となす、天下静謐《せいひつ》の間、如意《にょい》輪観《りんかん》音法《のんほう》を修せしむるべきは、

とあり、勅願寺として観心寺の本尊である如意輪観音に対し、修法を行わせている。おそらく息災を祈らせているのだろう。観心寺は先にもしばしば述べたが、役行者が開基《かいき》で、空海制作の如意輪観音を安置したと伝える寺院である。実際には空海の高弟で東寺長者二

代となった実慧《じちえ》が開基である。

さらに観心寺（図26）には勅命によって座主職が置かれた。座主という呼称は醍醐寺や仁和寺、延暦寺など、密教系の由緒ある大寺院に置かれるものである。それを観心寺に付与したことは観心寺を密教の重要寺院とみなしたものであるが、吉野周辺に朝廷と関わりの深い密教寺院を整えたともいえよう。京都と同じような寺院配置が必要とされたのであり、息災など四海安穏を勅命によって修させることのできる祈禱寺院が、後醍醐天皇にとって不可欠であったものと思われる。自らも吉野で加持祈禱を行い、密教寺院にも修させる環境が必要であったのである。

ついで、十一月一日、観心寺に続き、勅により天野《あまの》山金剛寺《さんこんごうじ》（図27）を勅願寺とした。

権中納言《ごんちゅうなごん》藤原光継《ふじわらのみつつぐ》（カ）奉書

当寺、勅願寺となす、宜しく仏法の紹隆《しょうりゅう》を専らとし、奉祈皇統の長久を祈りたてまつるべくの由、仰せ下さるところなり、

金剛寺は行基開基で、後に空海が密教の道場としたと伝える寺院である。金剛寺も観心寺も密教にとって重要な寺院であり、空海に深く関係する寺院である。

図27　金剛寺（金堂）

金剛寺は楠正成との関わりでも注目されて、また後に南朝の行宮となったことでも知られている。金剛寺には禅恵《ぜんね》という事相僧がおり、東大寺東南院《とうなんいん》や根来《ねごろ》などに赴き、聖教類《しょうぎょうるい》の書写を膨大な量にわたって行った。今も同寺に伝来し、貴重な資料となっている。金剛寺は学僧が住む厳かな密教寺院なのであった。

十一月十九日、後醍醐天皇は逆徒討滅の綸旨を高野山に発している。（『高野春秋』十）。それによると、逆徒が猛威をふるい、国家が安らかではない、先年、兵部卿親王つまり護良親王が高野山に籠居した時に皆が無二の忠誠心を示してくれたことに今に感じ入り、官軍（つまり南朝軍）が時に乗じ逆徒（つまり北朝軍）が敗北することを懇ろに祈ってくれ、というものである。これによって護良親王が元弘の乱の後に笠置から幕府の追っ手を逃れ、実際に高野山に潜伏していたことが知られるが、それはともかくとして、高野山における祈禱を南朝軍勝利の頼みの綱としたのである。建武二年（一三三五）十二月には『金剛峯寺根本縁起』を京都に取り寄せる王権を持っていたが、この時点ではその勢いが感じられまい。どちらかというと高野山に依願しているようである。

後醍醐天皇は高野山に対して綸旨を何通も発しているが、今回の綸旨は壇上伽藍《だんじょうがらん》に愛染堂の建立を発願し、根本縁起である『高野山金剛峯寺縁起』を書写し、皇子の護良親王が忠誠心を得ていたので、高野山は自分と南朝のために祈禱してもよいのではないか、といったところにも思えてしまう。

『弘法大師二十五箇条御遺告』

延元三年（一三三八）四月十四日に弘真は現在、醍醐寺に伝わる『弘法大師二十五箇条御《ご》遺告《ゆいごう》』（図28）を後醍醐天皇に見せている。弘真が記した奥書には、

> 延元三年四月十四日、高覧に経るところ、御宸筆《ごしんぴつ》にて相伝の本と下せらるなり、秘蔵々々

とあり、後醍醐天皇がこれを見て、まさしく相伝の本であると筆をしたためたという。しかも秘蔵であると繰り返している。その後醍醐天皇の今でいう極書《きわめがき》（保証書）には、

法務大僧正弘真の持したてまつる本なり

（花押）

と書かれており、後醍醐天皇が醍醐寺に伝来していた書について、法務大僧正の弘真が相伝している本であると、太鼓判を押したということである。

『弘法大師二十五箇条御遺告』、略して『御遺告』については本著でもしばしばふれてきた。

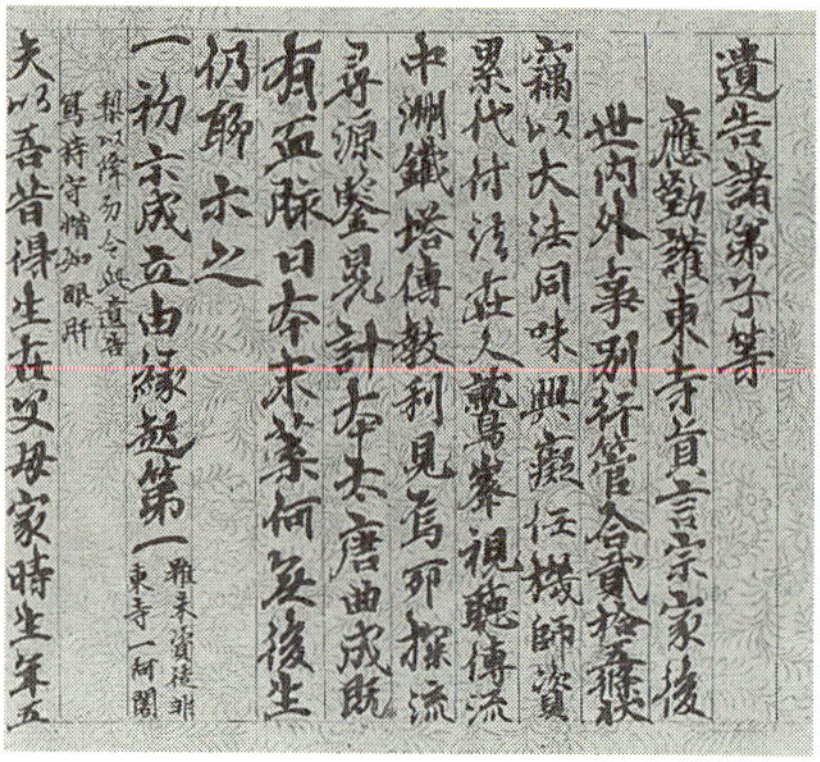
遺告諸弟子等
應勤護東寺眞言宗家後
世内外事別行管合貳拾五條
竊以大法同味興癈任機師資
累代付法在人鷲峯視聽傳流
中洲鐵塔傳教利見爲卯操流
尋源鑒覓計本太唐曲成既
有五駄日本末葉何無後生
仍録示之
一 初示成立由縁起第一 雖未資從非 東寺一阿闍
梨以降乃今此遺告 寫持守惜如眼肝
夫以吾昔得生在父母家時生年五

図28　弘法大師二十五箇条御遺告

（醍醐寺蔵）

後宇多法皇が『大覚寺御遺告』を記すにあたり、この『御遺告』に倣ったことを述べたが、空海が入定の六日前に弟子たちに残した遺言二十五箇条と伝承されるもので、平安時代中期に空海真筆とされた。いつの頃からか、真言密教にとっては極めて重き書になっていった。この醍醐寺本は平安時代にさかのぼる書写本である。残念ながらその奥書はなく、はっきりした書写年代や、いったい誰による書写本であるのかわからない。しかし、座主であった弘真が相伝し、醍醐寺から吉野にもたらしたもので、後醍醐天皇の閲覧となり、その時に奥書を書き入れたらしい。後醍醐天皇が見た後に弘真は自らの弟子に相伝させたもので、一時、醍醐寺のもとを離れていたが、室町時代の応永二十九年（一四二二）になって、その時の醍醐寺座主満済が醍醐寺に取り戻したとの経緯が記されている。醍醐寺にとっても重宝中の重宝であり、八十年あまりを経てやっと戻ってきた代物である。しかし、醍醐寺にとっての重宝中の重宝を、いとも簡単に吉野に持ち出せるほどの力が弘真にあったことをも物語るものでもあろう。

ちなみに弘真の後に醍醐寺座主や東寺長者になったのが賢俊であるが、足利尊氏の護持僧であり、武家方で北朝の高僧であったことでよく知られている。その賢俊は、ほぼ一年前の延元二年四月二十一日に『弘法大師二十五箇条御遺告』を書写している。現在は奈良国立博物館の所蔵である。想像をたくましくすれば、おそらく賢俊もこの平安時代に書写された醍醐寺本を底本として延元二年に書写したのであろう。『天長印信』のように座主相伝との文言はないが、これほどの重要書なので、そうたやすく誰でもが書写できる代物でもなかろう。唯一座主だけが書写できる点からも、醍醐寺座主の高祖空海を崇拝してやまない姿勢がよく知られるのである。また、賢俊が書写した後の、賢俊が座主であった時でさえ弘真が醍醐寺から持ち出したのだから、もし賢俊が弘真に対して敵対心を持っていたのであれば、隠そうと思えばできたはずである。これまた想像であるが、弘真と賢俊の

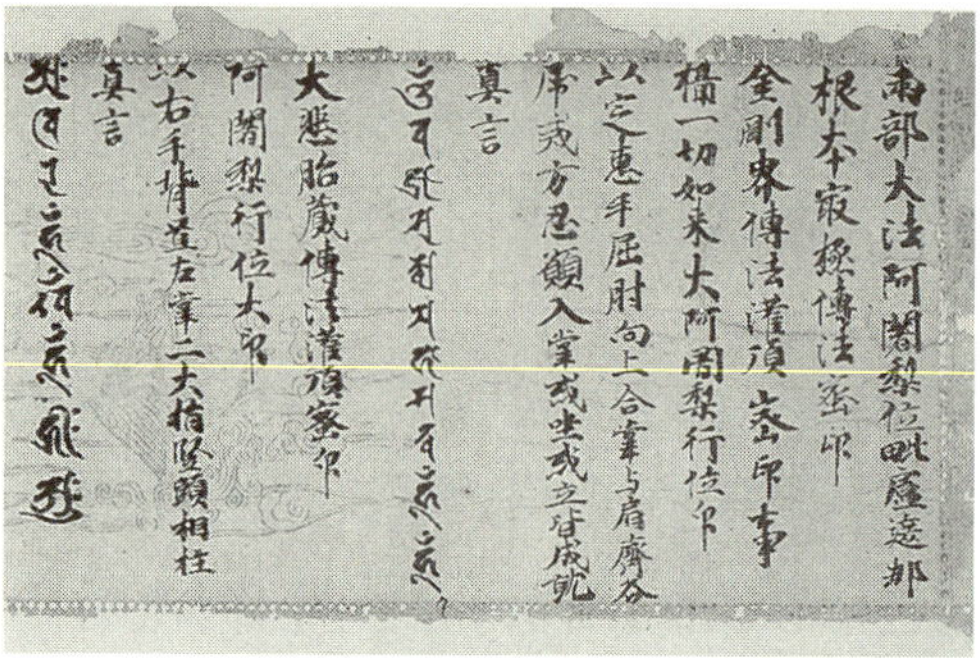

図29　『天長印信』（醍醐寺蔵）

関係はそれほど溝があったものではなく、醍醐寺の真言僧同士で南北両朝に巧みに対応していたと思えるほどである。

　僧侶間の問題は時に平安時代の義範と範俊や鎌倉時代の報恩院流の道順と隆勝のように、法流での正統をめぐって対立がみられる場合もあるが、それがすべてではなく、政治的に対立する立場にあっても、僧侶間での対立はそれほど顕著ではない場合も多いようである。それが僧侶というものであろう。

『天長印信』

　さらに、延元四年（一三三九）六月十六日に後醍醐天皇は、これもまた醍醐寺に伝わる『天長印信』（図29）を書写している。『天長印信』は「天長之大事」とも言われる最秘の印信で、空海が天長三年（八二六）三月五日に高弟である真雅に伝授した両部大阿闍梨位印明のことである。この印信を伝授されたのは真雅一人であるとされる。『御遺告』が六人に対する空海の遺言であったのに対し、真雅一人だけである点が特徴的であり、より一層の稀少価値のものであったのだろう。『天長印信』は後に真雅が醍醐寺開山の聖宝《しょうぼう》に与え、以後、歴代の醍醐寺座主だけに代々相伝されたと伝えられる重宝中の重宝であった（表3参照）。内容は『瑜祇経』に説かれる印信についてて記されたものであり、ここでも後醍醐天皇の『瑜祇経』好きが見えるようである。その奥書は文観房弘真によるもので、

この印信は大師の御筆、代々の座主相承の重宝なり、しかるに祖師三宝院《さんぼういん》権僧正の時、一本、これを写し、座右にこれを置き、常に拝見なすなり、正写共に三宝院の嫡々相承の大事にして、この印信は伝わらず、すなわち嫡弟と号するは冥慮を恐れるべしく〱、しかるに今上聖主は誠に大師の再誕にして、秘蔵の帝王、よって末代の法流の重宝となす、延元四年六月十五日、今上《きんじょう》皇帝の宸筆、申し下すところなり、代々の座主の外、聞見するべからず、もしこの旨に違わば、宗三宝八大高祖の知見にして証罰したまう、異なることなかれく〱

于時延元四年六月十六日記之但し一行余の二十字、御脱落おわんぬ、無念々々

醍醐寺座主大僧正法印大和尚位弘真（花押）

表3 後醍醐天皇と密教関係宝物表

	寺院	宝物名称	取り扱い	備考
空海関係	東寺関係	東寺仏舎利	奉請	
		鍵陀穀子	修理・着用	瑜祇灌頂の時
		恵果相伝袈裟	内裏に相伝	東寺に納める。弘真
	醍醐寺関係	『御遺告大事』	相伝	弘真から伝授
		『御遺告二十五箇条』	追書	閲覧して極書、弘真相伝
		『大日如来金口所説一行法身即身成仏経』	相伝・伝授	頼宝
		『天長印信』	書写	弘真
	その他の寺院	神護寺　高雄曼荼羅	奉懸して使用	後宇多院修理
		金剛峯寺『金剛峯寺根本縁起』	書写	高野山に納める
		観心寺　不動明王像	召し上げ	焼失、後に同じものを造立
聖徳太子	四天王寺	『四天王寺御手印縁起』	書写	四天王寺に納める

とあり、この印信が空海の真筆であることをまずはじめに記し、代々の醍醐寺座主が相承してきた重宝であることを明記する。しかし、三宝院権僧正勝覚《しょうかく》の時（応徳《おうとく》三年・一〇八六、座主）に一本写しを制作し、座右に置いたという。「正写」つまり正本副本ともに三宝院の正嫡だけが相承する大事となっていたものらしい。ところが後醍醐天皇を大師の再

誕とみなし、また、末代の法流の重宝とすべく、後醍醐天皇に書写してもらったことなどが記されている。ここで面白いのは、後醍醐天皇に書写してもらったが、一行余の二十字が脱落してしまい無念としている点で、弘真といえども、一行抜けたからもう一度書写し直してくれとは注文できなかったのであろう。

空海の再誕

もうひとつ注目すべきは、「今上の聖主は誠に大師の再誕」と後醍醐天皇を空海の再来とみなしている点であろう。なぜそのようにみなされたのか理由はわからないし、また、これが広く一般に信じられていたのかもわからない。しかし、坂口太郎氏の指摘によって、東寺長者であった道意が建武元年（一三三四）の東寺塔供養表白のなかに、「我が君、聖徳の致すところ、そもそもまた高祖冥助の感ずるところ」とあることから、空海再来として後醍醐天皇をみなしていた感があることが明らかにされた(6)。したがって一般的ではないにせよ、一部には後醍醐天皇が空海再来と想定されていたようである。

話はややそれるが、室町時代になって、讃岐《さぬき》（香川）・与田寺の僧、増吽《ぞううん》が空海再来と謳《うた》われていたふしがある。讃岐・備中（岡山）と極めて限られた範囲での話だが、それは密教を地域に広く普及した功績からである。後宇多院と後醍醐天皇ともに東寺を興隆させ、空海にまつわる霊宝中の霊宝、秘宝中の秘宝を次々と手にすることができたのが後醍醐天皇であり、一部とはいえ、また、その是非はともかく、空海再来とみなされても不思議ではないのかもしれない。

後醍醐天皇の場合は、生存中に空海再来とみなされているのであるから、相当の聖性をもっていたとも考えることもできる。

とはいうものの、神護寺での仁王経《にんのうきよう》と灌頂など空海の足跡をたどっていたとしても、空海の再来とは思いがたい感もぬぐえない。しかし、『天長印信』については秘蔵の帝王であるから末代の重宝とすべく後醍醐天皇が宸筆を下したという論理である。醍醐寺座主だけの相伝が大原則であるので、座主以外に相伝できる正当な理由付けとして空海再来とした意図も多少あったのであろうか。それは犍陀《けんだ》縠子《こくし》の袈裟《けさ》が東寺長者の管理するものであったのを、後醍醐天皇が着したのと同じ論理かもしれない。ここまでくると、後醍醐天皇は現実的な「治天の君」というよりも、仏教的な、さらに言えば「真言密教の君」とみなされていたとも思えるほどである。

『天長印信』の最後には、醍醐寺座主以外には閲見してはならない、この旨に背けば真言宗の三宝八大高祖の罰が当たるとの禁止事項もことさらに盛り込んでいるが、座主以外の印信相伝を空海再来によって認め、再び座主以外は不可というのも今までみてきたような後醍醐天皇に特有の主張である。

さて、『天長印信』を後醍醐天皇が書した時期、弘真も後醍醐天皇も吉野にいたはずであるが、弘真は醍醐寺に赴いたのであろうか。いくら密教の印信書写という平和的なかつ個人的な所作であるとしても、後醍醐天皇自身が京都にある醍醐寺に赴くことは少々想定しがたい。醍醐寺で原本の『天長印信』を見ながら、書写は不可能であったと想像されるし、前例から考えても後醍醐天皇が取り寄せたと思われる。弘真が醍醐寺にて『天長印信』を借り出して吉野に持ち来て、そこで後醍醐天皇による揮毫《きごう》、そして弘真の奥書が付せられ、最終的に醍醐寺に納められたという経緯であろうか。

この奥書を記したのは醍醐寺座主の弘真であった。『醍醐寺新要録』等では座主はこの時期は賢俊であり、弘真ではない。だが、『天長印信』は座主が相承したものと自ら記しており、奥書からすれば文観房弘真も座主であったとせざるをえないのである。となると、この時期、醍醐寺座主が二人いたことになる。これは少々おかしなことであろう。

東寺座主

『天長印信』奥書の最後には、

同六月廿五日、後宇多院の御国忌、曼陀羅導師、これを勤仕す、職衆は十六口
同廿六日、東寺座主を拝任しおわんぬ

の跋文《ばつぶん》にあるように、六月二十五日には元亨《げんこう》四年（一三二四）の同日に没した後宇多院の回向《えこう》供養があり、曼荼羅供の導師を文観房弘真が勤めている。これも吉野の地で修された法要であろうか。後宇多院の陵は大覚寺の北方にあり、また、後宇多院関係の法要となると、前例を見る限りでは大覚寺で修されそうだが、これも後醍醐天皇が赴くのは無理である。やはり、吉野の地で曼荼羅供が修されたのであろう。また、実弟で大覚寺の門跡であった性円も関係していたに違いない。正統的な朝廷を主張する南朝においては、座主補任や後宇多院の追善《ついぜん》供養など京都となんら変わりなく行う姿勢があるように思われる。

そして興味深いのは、翌二十六日に「東寺座主」を後醍醐天皇が補任したとあることである。『瑜伽伝燈鈔』にも、「同六月廿六日、東寺座主に補せらる」とあるように、六月二十六日に東寺の座主に補せられたと記されている。東寺には周知のように最高職として長者がおり、それとはまた別の座主である。ここでも長者と座主と二人の最高職がいたことになってしまう。

そもそも東寺座主という職は後宇多院が禅助《ぜんじょ》に補任したことにはじまり、長者の上の真

言密教最高位という思惑があったらしい。禅助に次いで道意、そして文観房弘真である。道意は先の「空海の再誕」のところで、後醍醐天皇と空海をダブルイメージでみていた僧である。東寺座主の補任についても、後宇多院が敷いた路線の上を後醍醐天皇が走っているように思えるである。

この期に弘真を補任したのも、後醍醐天皇が北朝の補任する東寺長者に対抗するかのように補任したのであろうか。公卿も南朝において補任されているように、僧も補任されているのである。だが、遠く吉野の地にあって東寺座主に補任したとしても、実際の地位がどれほどのものであるのか疑問であり、有名無実のような東寺座主であったと思われる。延元四年（暦応二年・一三三九）の東寺長者は賢俊であり、醍醐寺座主も賢俊である。東寺座主はまったく限られたものである。また、醍醐寺や東寺の座主に弘真が補任されたことは諸史料にほとんど見いだすことはできない。記録抹消なのか、当時から一般的に認められていなかった補任なのかも定かではない。しかし、座主と称している以上、後醍醐天皇による補任を否定してしまうこともない。あくまでも後醍醐天皇による南朝のなかでの補任と想定すると理解しやすいのである。東寺や醍醐寺などの補任権を天皇として行使している姿が浮かぶ。これも大寺院に対して天皇自らが判断を下す姿勢の一環とも考えられるが、密教を掌握したい後醍醐天皇の姿の一端にも思えるのである。

ここで、醍醐寺座主にしても、東寺長者にしても、賢俊が正統だ、いや弘真が正統だ、などと言うつもりはない。どちらが正統であっても構わない。北朝も南朝もともに自らが正統であるとしている以上、二人とも正統であると思えるだけである。それこそ朝廷が二つあった南北朝である。

3 終焉

後醍醐天皇の崩御

延元《えんげん》四年秋、にわかに病を発した。とはいえ、どのような病であったのかわからない。なにぶん史料に乏しく、この辺の事情については詳しいことはわからないのである。八月五日には先述したように高野山から頼宝《らいほう》が後醍醐天皇のもとを訪れ、『即身成仏義《そくしんじょうぶつぎ》』と『菩提心論《ぼだいしんろん》』を講じたという。空海仮託の『御遺告《ごゆいごう》』奥付は三月十五日で、二十一日に入定という設定になっている。後醍醐天皇も死を予感したのであろうか。それゆえの即身成仏とも考えることができる。臨終に臨んで西方に向かい、五色の糸を手にしながら、もしくは合掌しながら極楽浄土を思い、阿弥陀、観音、勢至をはじめとした衆生の来迎を期待しながら往生を欣求《ごんぐ》する、というのも後醍醐天皇らしくないのだろう。来世というよりも現世を重視する。現世の肉体をもって仏身となる密教の即身成仏を望むのも、後醍醐天皇の強い思いなのかもしれない。病は重く、快復は望むべくもなかった。八月十五日、後醍醐天皇は退位、子息の後村上天皇に譲位《じょうい》した。そして翌十六日、崩御《ほうぎょ》した。後村上天皇は即位し、第九十七代、南朝二代の天皇となった。

後醍醐院の崩御は京都にも情報が伝わり、なかには冷淡な態度もあったが、さまざまな感慨がもたれている。

この後醍醐院の死は京都・北朝にもただちに影響を与えていた。『師守記《もろもりき》』暦応《りゃくおう》二年八月二十八日の条に、

伝え聞く、今日より武家の沙汰は七日これ止む云々、これ吉野院去る十六日崩御の故なり。この日、しかるに近日定説治めることあり、公家の御沙汰は停止《ちょうじ》なきの義、これ崇徳院の御例云々、先日例を尋ね申せらる云々

とあり、二十八日から武家は、十六日に崩御した吉野院、つまり後醍醐天皇の喪《も》に服《ふく》してさまざまな行事をとりやめている。ところが面白いのは保元《ほうげん》元年（一一五六）の保元の乱で敗れ、讃岐に流され、そこで没した崇徳院《すとくいん》の時の例に倣って、公家は政務を停止としな

い点である。後醍醐院も隠岐《おき》に流されたことがあり、最終的には吉野の地で没したという点、すなわち京都ではない遠方の地での死去だから、崇徳院の前例を出したのである。北朝の公家は南朝とは無関係だ、という態度にもみえる。

しかし、三日を経た『師守記』九月一日の条には、

今日より公家は雑訴を七日止まらる、吉野新院の御事によるなり、先規は遠所において崩御の時、廃朝ならびに公事は省略す云々、武家の計らい申すの間と雖も、今度はかくのごとき沙汰あり、もっとも不審なり

とあり、九月一日から公家も雑訴を七日間止めることになったらしい。先とはまったく変わり、先般の例によって遠い所で崩御の時は政務にのぞまない喪の期間を設けるものらしく、公事が略されたという。しかし、これはとても不審であると、少外記《げき》の中原師守は日記に記している。これは南朝を認めない、もしくは認めたくない北朝の少外記としての考えなのであろう。このことは引き続き、八日の条にも、

今度の廃朝の事、遺勅奏なきと雖もこれを行ぜらる、今度儀先例なし、新義の御沙汰

なり、もっとも不審なり

として、公事省略は遺勅がないのに行われたという。先例もなく新儀であるが、これもとても不審であると師守は記している。北朝のなかにも先例にないことがさまざまに生じていたのである。「もっとも不審なり」としていることから、どうも北朝の公家にとって後醍醐院の死によって公事が停止されることは不愉快以外のなにものでもなかったらしい。だが、これをもって万人が万人、同じような考えを持っていたのかというとそうでもあるまい。公事停止とすべきと考えていた北朝の公家も多くいたのであろう。とにかく、後醍醐天皇の死によって北朝へも大きな波紋があったのであった。

後醍醐天皇追善の仏事

さて、九月二十一日には弘真によって後醍醐天皇の五七日の仏事が醍醐寺にて行われた。『瑜伽《ゆが》伝燈鈔《でんとうしょう》』には、

先皇の崩御の後に当今は重ねて御持僧の由、宣下せらる

とあり、引き続き弘真が後村上天皇の護持僧《ごじ》を勤めるようにと宣下《せんげ》を受けている。これは亀山―後宇多―後醍醐―後村上と大覚寺統の代々が密教に帰依したと言ってよかろう。また、同書には「その後、両部灌頂《りょうぶかんじょう》、これを授けたてまつる」とあるので、後醍醐天皇と同じく世俗の身であって後村上天皇も両部灌頂を弘真より受けたのであり、後醍醐天皇の密教に対する姿勢をそのまま引き継いでいるのである。後宇多・後醍醐・後村上と三代続いての俗体での灌頂となる。

弘真はこの後、京都の南にある浄瑠璃寺《じょうるりじ》にいたことが知られ、さらに金剛寺《こんごうじ》に移り、種々の事相書を編輯し、金剛寺学頭であった禅恵に相伝していたことが、『金剛寺文書』から知られるのであるが、没する直前の正平《しょうへい》十二年（一三五七）八月二十六日に、後村上天皇のために『理趣経大綱釈《りしゅぎょうだいこうしゃく》』を編輯している（『大日本史料』六編）。その奥書には、

老体にしてすでに重病に臥しながら、法流を思い、門葉《もんよう》を思うにより、しばらく勅命を蒙《こうむ》るの間、筆に任せてこれを鈔し記す。伏して乞う、南部の諸尊、別願の八大高祖、知見証明を垂れ、求願を成じ、まさしく兜率《とそつ》の仏閣に往き詣で、同法の大願を成ぜしめんのみ、

とある。十月九日、八十歳で没する弘真だが、死の直前まで『理趣経』という真言密教の基本経典の解釈書を作成し、それが後村上天皇のためであり、なおかつ法流や門葉のためにしていることであり、自らの都率往生と同法たちの仏道成就を願っている姿がうかがわれる。(7)

後醍醐天皇に随った報恩院の道祐や大覚寺の性円は、後醍醐天皇の没後に京都に戻ったようである。弘真の場合、あくまでも南朝の天皇に随い命を受け、密教の研鑽を積んでいたのである。

怨霊を鎮めて、天龍寺造営

では次に後醍醐天皇の追善のために嵯峨の地に建立された天龍寺をみてみよう。延元四年十月五日には『天龍寺造営記録』によると、

後醍醐院吉野院と号す　暦応二年八月十六日崩御の事、同十八日未時、南都よりこれ馳せ申す、虚実なを分明ならず、種々の異説あり、ついには実《まこと》なり、諸人周《あまね》く章かなり、柳《りゅう》営武《えいぶ》衛《えい》両将軍の哀傷し、恐怖すること深甚なり、よって七々御忌《ぎょき》慇懃《いんぎん》なり、御仏事記は別にあり、かつ報恩謝徳《ほうおんしゃとく》のため、かつ怨霊納受《おんりょうのうじゅ》のため、新たに蘭若《らんにゃ》を建立し、かの御菩《ぼ》提《だい》に資し

奉るべきの旨発願《ほつがん》す云々、

とあり、十六日の後醍醐院の崩御が十八日には京都に届き、最初それが本当かどうかわからなかったらしいが、ついには真実であることが判明した。足利尊氏、直義両将軍が哀悼の意をあらわしたが、またその恐怖する姿が甚だしかったという。そして、七七忌（四十九日）が極めて丁寧に行われたこと、報恩謝徳と怨霊納受のために新たに寺院建立が発願され、後醍醐院の菩提を弔うこととなった。そして足利両将軍の要望により嵯峨の亀山殿に暦応寺が開かれたのだった。禅僧・夢窓疎石の助言によるものだった。これが後の天龍寺である。後醍醐天皇の怨霊鎮魂のための寺院である。後醍醐院の念が自分に向けられるものと思ったのであろう。足利尊氏の信仰心の深さは有名であり、尊氏は日課地蔵菩薩図を描いたり、近江・佐々木氏が板木を作らせ、摺らせた『大般若経《だいはんにゃきょう》』に名をつらねたりしている。

ここで注意しなければならないのは、臨済禅の寺院である天龍寺が建立されたのは後醍醐天皇の意志ではないという点である。あくまでも没後の周囲の人間による追善供養であり、禅寺の建立も残された者たちによる意志である。

ついで『師守記』を見ると、十一月二十六日の条には、

伝え聞く、この日、武家、三条坊門第等持《ぼうもんだいとうじ》院《いん》において、曼陀羅供あり、導師は真乗院僧正云々、これ後醍醐院の百ヶ日仏事云々

とあり、後醍醐院の百箇日仏事として、武家によって等持院にて曼荼羅供が修されていることがわかる。

このように後醍醐院の死後、一連の追善仏事が行われている。とはいえ、京都の等持院は後に足利氏代々の菩提寺となる禅寺であり、武家による追善仏事である。文化的にも臨済禅が主流となっていく時期である。明確な史料がないが、文観房弘真はおそらく、南朝護持僧の立場として南朝が催す後醍醐院のための仏事の導師を勤仕していたものと思われる。当然ながら南朝密教寺院での追善供養が行われたのであろう。

清浄光寺の後醍醐天皇御影と瑜祇灌頂

ここで最後に触れたいのは神奈川・清浄光寺《しょうじょうこうじ》の後醍醐天皇御影である（図30）。冕冠《べんかん》を被り、九条袈裟を着し、礼盤《らいばん》に坐すその姿はいろいろな出版物でしばしば目にする肖像画である。しかも八葉蓮華を敷いた座具の上で右手に金剛杵《こんごうしょ》、左手に金剛鈴《れい》を持して金剛薩《さっ》

図30　後醍醐天皇御影
（清浄光寺蔵）

埵《た》と同じその姿[8]はまさに灌頂の姿である。座具に桃色の八葉蓮華が描きこまれている点はほかの僧侶の肖像画にも見あたらない。明恵上人《みょうえしょうにん》が樹間にて禅定《ぜんじょう》に入っている、あの有名な肖像画では座具に八葉蓮華があらわされているが、本図とは少々意味合いが異なるものであろう。持物《じもつ》同様に意図的に描かれたものと思われる。金剛薩埵は愛染《あいぜん》明王の所変であり、愛染明王を好んだ後醍醐天皇をあらわすようにもみえる。

清浄光寺にはこの画像に関して『清浄光寺記録』という文書が残されている。[9]「後醍醐天皇幷御宸翰等ヲ小野随心院門前杲尊法親王ヨリ尊観法親王ヘコレヲ授与スノ文」にはじ

まり、

一　後醍醐天皇御影事
二　瑜祇灌頂之事
三　御影相承次第事

で構成されている。「一　後醍醐天皇御影事」には、

延元四年己卯八月十六日、崩御、御年五十二なり、三十五日の御仏事、曼荼羅供の御導師の予は、醍醐寺座主小野法務前大僧正弘真の事なり、霊応の事は、開眼《かいげん》の時分に、天皇いささか御影向《ごようごう》に奇瑞これあり云々、余人はこれを拝見せざるの由、記されおわんぬ

とあり、五十二歳で延元四年（一三三九）八月十六日に没した後醍醐天皇の五七日仏事として曼荼羅供が行われたが、その時の導師が弘真であったという。仏画は、描かれて後、魂が入れられる開眼供養が行われるのが常だが、その時だろうか。後醍醐天皇の御影に奇瑞があったと言うのである。しかし、他人は見ていないというのでここに記したらしい。ついでそれがどんな奇瑞なのかわからないが、なにか不思議なことが起きたのだろう。

「二一　瑜祇灌頂之事」には、

元徳《げんとく》二年庚午十月廿六日、御節所殿《ごせちどころ》においてこれを授ずけたてまつられる、御年は四十三なり、御装束《ごしょうぞく》は仲哀《ちゅうあい》天皇の御宸服、神武天皇の御冠、同じくこれを着御す、御袈裟は龍猛菩薩《りゅうみょうぼさつ》、南天鉄塔を開かれてより已来、三国相承の乾陀穀子の袈裟なり、今に東寺にこれあり

とあり、先に見た『瑜伽伝燈鈔』と同じ内容である。

また、瑜祇灌頂にあたっては、仲哀天皇の宸服と神武天皇の冠を着した点までも同一であるが、『瑜伽伝燈鈔』では「僧正は東寺相承の袈裟これを着用す」とあり、弘真が東寺相承の袈裟を着用したのに対し、後醍醐天皇が龍猛伝来の犍陀穀子の袈裟を着したという。

ついで、『清浄光寺記録』の「三　御影相承次第事」は、

醍醐座主小野法務前大僧正弘真
同座主一品法親王深勝
同座主二品法親王杲尊

相承の次第はかくのごとし、門跡の重宝といえども、由緒あるにより、遊行十二代の
上人に渡したてまつるところなり、
応永《おうえい》三年丙子八月一日
二品法親王杲尊（花押影）

というもので、醍醐寺座主であった弘真から醍醐寺座主深勝、そしてやはり醍醐寺座主杲尊へと後醍醐天皇画像が伝来されたことが記されてある。しかし、門跡の重宝であったが、とある理由によって応永三年（一三九六）に遊行《ゆぎょう》十二代の上人に渡したという。ここで醍醐寺座主と記されている深勝も杲尊も醍醐寺関係の記録等には見いだすことのできない名前である。座主であれば当然記録に残っているはずである。となると「三　御影相承次第事」が疑わしいものとなるが、そう簡単に『清浄光寺記録』の内容をまったく信じられないものとしてしまうわけにもいかない。そこで、醍醐寺座主を天皇からの補任と考え、弘真が醍醐寺座主や東寺座主であったことを考慮すると、深勝も杲尊も南朝の天皇に補任された座主と思われるのである。したがって、後醍醐天皇御影は、後村上天皇が補任した醍醐寺座主に代々相承されて、何かの理由によって遊行十二代に渡ったと考えられる。応永三年という年代を鑑みれば、南北朝合一後の京都にある朝廷近辺には渡すことができない

理由があったのだろう。遊行十二代の上人は尊観であるが、その尊観は弘真の付法と考えられる。尊観は亀山院の息と考えられている。

この有名な後醍醐天皇御影は没後まもない五七日忌（三十五日）に懸けられた追善供養の画像なのである。本人の意志とは関係なく、残された者たちにとって、もっとも適しているイメージやまさしく理想的なイメージが肖像主のスタイルとなるのだろう。そう考えると、本像の姿が周囲の者は日常的とまではいかないまでも、南朝で生きた後醍醐天皇のまさに後醍醐天皇らしい姿であるはずである。

先の「二　瑜祇灌頂之事」では犍陀穀子の袈裟を着したとあるが、この肖像の袈裟は犍陀穀子の袈裟には見えない。条のところに花文が連続して描かれている点で異なるのである。「今に東寺にこれあり」とあるように当然ながら吉野にはなかったのであり、別の袈裟を着しているものと思われるが、とはいえ、絵画であるのでどこまで忠実に写しているのかもわからない。いずれにせよ、瑜祇灌頂を受け、仏身となった後醍醐天皇であることは間違いあるまい。

上方には「天照大神」「春日大明神」「八幡大菩薩」の三社託宣《さんしゃたくせん》が記されている。御簾《みす》の上に絹が継ぎ足されてこの三社託宣が追加されたようであるが、筆者も精査していないのでここでは言及を避けたい。また実査の機会を得て報告したい。

ただ五七日忌の後に、さらなる霊性を持たせるために三社託宣が追加された感もある。これが御影にあった奇瑞に関係するものなのか検討を要するが、残された者によって記されたことだけは確かである。

最後を締め括る後醍醐天皇の御影が灌頂や修法を彷彿させる姿であったことも、「後醍醐天皇と密教」をまことに簡潔にしめすものであろう。

註

（1）森茂暁『南朝全史　大覚寺統から後南朝へ』（講談社、二〇〇五年）。
（2）竹貫元勝『宗峰妙超』（ミネルヴァ書房、二〇〇八年）。
（3）首藤善樹『金峯山寺史』（総本山金峯山寺、国書刊行会、二〇〇四年）。
（4）守山聖真『立川邪教とその社会的背景の研究』（鹿野苑、一九六五年、後に国書刊行会より復刊、一九九〇年）。
（5）水原堯栄『邪教立川流の研究』（進文堂書店、一九二三年）。
（6）坂口太郎「後醍醐天皇の寺社重宝蒐集について」（上横手雅敬編『鎌倉時代の権力と制度』所収、思文閣出版、二〇〇八年）。
（7）真鍋俊照『邪教・立川流』（筑摩書房、一九九九年）。
（8）黒田日出男『王の身体　王の肖像』（平凡社、一九九三年）、および同氏「院政・似絵・後醍醐」

（『岩波講座　天皇と王権を考える　6』岩波書店、二〇〇三年）。

（9）宮島新一『肖像画』（吉川弘文館、一九九四年）。

おわりに

後醍醐天皇と国師号

大師《だいし》号《ごう》や国師《こくし》号は天皇から高僧の業績や遺徳をたたえて贈られるものだが、後醍醐天皇は数多くの国師号を授けている。

表4を参照すればわかるように、鎌倉時代から南北朝時代にかけての天皇で、国師号を贈ったのは最初が後嵯峨天皇で、その後、後二条、花園、後醍醐と続く。南北朝時代の天皇は北朝、南朝ともにそれぞれが国師号を贈っている点も特徴である。ここで注目したいのは国師号の数である。飛び抜けて多いのが後醍醐天皇であることは一目瞭然であろう。臨済禅《りんざいぜん》に深く帰依した花園天皇でも南浦紹明《なんぽじょうみょう》と円爾《えんに》弁円《べんねん》、一山一寧《いっさんいちねい》の三人である。後醍醐天皇が十二人もの僧侶に国師号を贈ったことは注目すべきである。しかも後村上天皇も三人、後亀山天皇で一人、大覚寺統で十六人である。花園天皇・光明天皇で各三人、崇光《すこう》天皇で一人、後光厳《ごこうごん》天皇で二人の計九人であるので、大覚寺統は持明院《じみょういん》統の約二倍の数であ

表4 天皇と国師号下賜一覧（鎌倉〜南北朝時代）※No.は任意。『国史大辞典』（吉川弘文館）より作成

No.	西暦	年号	僧名	国師号	宗派
後嵯峨天皇					
1	一二四四	寛元二年	源空	通明国師	浄土
後二条天皇					
1	一三〇三	嘉元元年	観昭	観昭国師	天台
花園天皇					
1	一三〇九	延慶二年	南浦紹明	大応国師	臨済
2	一三一一	応長元年十二月二十一日	円爾弁円	聖一国師	臨済
3	一三一七	文保元年十月二十五日	一山一寧	一山国師	臨済
後醍醐天皇					
1	一三二〇	元応二年四月八日	約翁徳倹	仏燈大光国師	臨済
2	一三二三	元亨三年十二月十二日	無関玄悟	大明国師	臨済
3	一三二八	嘉暦三年十月十五日	潜渓処謙	普円国師	臨済
4	一三二八	嘉暦三年十一月	規庵祖円	南院国師	臨済
5	一三三〇	元徳二年秋	無本覚心	円明国師	臨済
6	一三三五	建武二年十月	夢窓疎石	夢窓国師	臨済
7	一三三五	建武二年十月五日	孤峯覚明	国済国師	臨済
8	一三三九	延元四年四月十七日	宗峰妙超	高照正燈国師	臨済

9			宗峰妙超	正燈国師	臨済
10			如一	如一国師	臨済
11			通翁鏡円	普照大光国師	臨済
12			俊才	俊才国師	華厳
光明天皇					
1	一三四〇	暦応三年十一月二十日	双峯宗源	双峯国師	臨済
2	一三四六	貞和二年	慈雲妙意	聖光国師	臨済
3		貞和二年十一月二十六日	夢窓疎石	正覚国師	臨済
崇光天皇					
1	一三五一	観応二年八月十五日	夢窓疎石	心宗国師	臨済
後光厳天皇					
1	一三五八	延文三年九月六日	夢窓疎石	普済国師	臨済
2	一三六二	貞治元年十二月十一日	孤峯覚明	国済国師	臨済
後村上天皇					
1	一三四二	興国三年	虎関師錬	虎関国師	臨済
2	一三四七	正平二年四月三日	孤峯覚明	三光国師	臨済
3			古剣智訥	慧燈国師	臨済
後亀山天皇					
1			別峯大殊	円光国師	臨済

る。国師号の乱発とでも言ってよさそうな人数である。

ところが、密教僧にはこのような大師号や国師号を与えていないのである。大師号については、後宇多院が徳治《とくじ》三年（一三〇八）に仁和寺《にんなじ》の祖・益信《やくしん》に本覚大師号を贈ったが、比叡山による猛反発から大問題に発展した一件があって、後醍醐天皇といえども、なかなか難しかったのかもしれない。国師号にしてもほとんどが臨済禅の僧である。国師号の多さは権力・権威の誇示であろう。後醍醐天皇には大徳寺や妙心寺に対する置文《おきぶみ》も知られており、臨済禅とも無関係ではない。しかし、密教における空海のような存在は臨済禅にはいない。三角形の頂点が空海であるとすると、臨済禅は後醍醐天皇にとって小さな三角形の連続であり、その小さな三角形の頂点に国師号を贈ったようにもみえるのである。逆に言えば、日本密教においてなにが自分にとって重要で、なにがそうではないのかを熟知していたようにも思えるのである。

さて、後醍醐天皇の治世と鎌倉幕府の崩壊については本郷和人氏の面白い著作がある。[1]本郷氏は後醍醐天皇の親政に対しては、ほとんど機能していなかったとし、鎌倉幕府の崩壊もいわば自滅に近いものであるという。鎌倉幕府崩壊の最大の功労者は足利尊氏であり、後醍醐天皇の倒幕はスローガンのようなものであるらしい。

国師号の乱発や密教への依存を含め、後醍醐天皇は宗教上の長である。江戸時代も末期、日本が開国して諸外国人が来日し、日本の情勢を観察した。徳川家については将軍とし、武力的かつ政治的な長とみなした。一方、京都にいる天皇についてはローマ法王のように宗教的な頂点というような存在と受け止めていたようである。極端かもしれないが、後醍醐天皇においても世俗の身で法王であったようである。天皇を退いて上皇、出家して法皇となるが、後醍醐天皇の場合は天皇にして法皇のようである。

後醍醐天皇と空海

ここまで後醍醐天皇の事績のなかで、密教関係についての行動を眺めてきた。灌頂《かんじょう》・印可《いんか》・仏舎利《ぶつしゃり》・『瑜祇経《ゆぎきょう》』・『仁王経《にんのうきょう》』・『御遺告《ごゆいごう》』・高雄《たかお》曼荼羅《まんだら》・犍陀穀子《けんだこくし》などのキーワードがみえ、そして神護寺・東寺《とうじ》・醍醐寺《だいごじ》・高野山《こうやさん》・金峯山寺《きんぷせんじ》・観心寺《かんしんじ》・金剛寺《こんごうじ》などが深く関係した密教寺院であった。そしてなによりも真言密教の高祖・弘法大師空海という後醍醐天皇の関心対象が浮かび上がってくる。人間を超えた伝統的かつ絶対的存在にこだわっている姿がうかがわれるのである。

後醍醐天皇は、世俗的には両統迭立のなかで自らの大覚寺統の流れと、自らの血統があり、常に天皇であり続ける必要があった。密教的にも同じように、常に王であるために最高の道具や秘伝の書を身辺に置いている。そして密教の最高位としてやはり弘法大師空海という超人格の存在が常に念頭にあり、空海と同じになろうとしていたのである。

弘法大師信仰は鎌倉時代前期から、祖師信仰の代表格であるかのように隆盛していく。彫像でも画像でも作例が増大していくのが鎌倉時代である。後醍醐天皇が特に関係を強めたのは、東寺・神護寺・高野山という空海に極めて縁の深い寺院であったことは確かである。逆に考えれば、後醍醐天皇の密教信奉は極めて単純明快である。由緒ある伝来や権威あるものだけを追い求めたといってよさそうである。後宇多院が書写して大覚寺に遺した数々の事相書類《じそうしょ》は、後醍醐天皇には興味がなかったように思われる。後醍醐天皇が書写したのは密教において究極のものばかりである。常に頂点のモノを望み、常に頂点であり続けたのである。

「はじめに」で述べたように、空海が唐から持ち帰った密教は日本のなかで姿を変えていった。それは、鎮護《ちんご》国家を祈る密教修法《すほう》が個人的な幸福のための修法となり、不動明王《ふどうみょうおう》や愛染《あいぜん》明王が特別に信仰されていったことなどがあげられるが、なによりも空海が密教に加わったことが特徴である。経典や儀軌《ぎき》と同等に、あるいはそれ以上に空海の著作が重視され、美術においても「御作《ごさく》」「御筆」という言葉が盛んに用いられるようになる。「空海作」「空海筆」でもなく「御作」「御筆」という文字だけで、空海が関係した造形という意となっている。日本密教は大師信仰と融合していく。高野山の二大拠点は奥《おく》の院《いん》と壇上伽《だんじょうが》藍《らん》だが、参詣《さんけい》や信仰という面では空海入定の地・奥の院が断然比重が大きい。大師信仰は正確に言えば、密教ではなく、祖師信仰である。しかし、密教のなかで重要なポイントとなり、中世密教では中核ともなっていった。

仏教者としての後醍醐天皇

後醍醐天皇も臨済禅の僧に帰依しているが、花園院が行ったように臨済禅の高僧のもとへと参禅したりはしていない。花園院は大徳寺蔵「花園天皇宗峰妙超問答書」が物語るように、宗峰妙超との禅問答を行っているが、後醍醐天皇にはそれがない。また、後宇多院は高野山に参詣し、奥の院に籠もって問答を行っているが、後醍醐天皇にはやはりそれがない。

父・後宇多は出家し、法体《ほったい》となった。また、花園院も出家し、法体となっている。しかし、自らは出家することなく、俗体のままでいたのが後醍醐であり、俗体のままで、修法を行い密教の事相僧と同種の行動をしているのである。それは京都にいても吉野にいても同じであった。

また、俗体であったこととも関係するのかもしれないが、父・後宇多院は師に灌頂を受け、また、弟子に灌頂を授けた。後醍醐天皇は灌頂は受けたが、灌頂を授けはしなかった。

俗体で灌頂は受けてもよいが、灌頂を授けてはならないという、後醍醐天皇の自制があったのか、法脈を伝えるということに興味がなかったのか、またその必要もないと考えていたのかはわからない。密教を求めはしたが、与えてはいない。

この後、北朝の天皇、院は臨済禅に次々と帰依していく。京都はすでに主流となる仏教も文化も禅になりつつあった。もちろん東寺や醍醐寺・仁和寺、そして比叡山などの密教は依然として経済的な勢力を保っていた。しかし文化的な面でリードしたかというと、否定せざるをえない。禅や浄土系の時衆や一向宗（後の浄土真宗）が権力者をはじめ人々を魅了し、詩歌や絵画、建築や庭園とあらゆる面で文化の担い手となっていったのである。

後醍醐天皇は吉野で最後まで密教を求め修法を行った。しかし、それは学問的な追究でもなく、真理を求めようとする仏教者の姿でもない。密教を好んだが、直接的な効用を求めた、さらに言ってしまえば密教は自分のための道具だったようである。密教を活用しようとした最後の権力者といってよかろう。

註

（1）本郷和人『新・中世王権論——武門の覇者の系譜』（新人物往来社、二〇〇四年）。

図版一覧

表紙カバー『太平記絵巻』第一巻
　埼玉県立歴史と民俗の博物館所蔵

はじめに

図1　後醍醐天皇像
　廬山寺所蔵

第一章

図2　後宇多院像
　大覚寺所蔵
図3　仁和寺（金堂）
　写真　仁和寺
図4　醍醐寺（五重塔）
　写真　醍醐寺
図5　大覚寺御遺告
　大覚寺所蔵
図6　弘法大師伝
　大覚寺所蔵

図7　高雄曼荼羅修復記
　大覚寺所蔵
図8　談義本尊画像
　教王護国寺所蔵、写真　便利堂

第二章

図9　仏舎利宝塔
　教王護国寺所蔵、写真　便利堂
図10　八字文殊菩薩像
　般若寺所蔵、写真　永野太造撮影
図11『御遺告大事（東長大事）』
　慈眼寺所蔵、写真　奈良国立博物館『仏舎利と宝珠』展図録より複写転載
図12　愛染明王画像
　ＭＯＡ美術館所蔵
図13　愛染明王画像
　根津美術館所蔵
図14犍陀縠子
　教王護国寺所蔵、写真　便利堂

第三章

図15　『太平記絵巻』第一巻
　埼玉県立歴史と民俗の博物館所蔵
図16　伯耆・船上山
図17　近江番場・蓮華寺石塔
図18　後醍醐天皇宸翰舎利奉請誡文
　教王護国寺所蔵、写真　便利堂
図19　不動明王坐像
　観心寺所蔵、写真　飛鳥園
図20　宝珠・不動・愛染の三尊合行（『御遺告大事』）
　慈眼寺所蔵、写真　奈良国立博物館『仏舎利と宝珠』展図録より複写転載

第四章

図21　『四天王寺縁起』
　四天王寺所蔵、写真　大阪市立美術館『聖徳太子信仰の美術』展図録より複写転載
図22　『灌頂暦名』
　神護寺所蔵、写真　京都国立博物館
図23　八幡菩薩画像
　神護寺所蔵、写真　京都国立博物館
図24　香衣如法衣
　教王護国寺所蔵、写真　便利堂

第五章

図25　金峯山寺（蔵王堂）
写真　吉野山観光協会
図26　観心寺（金堂）
写真　河内長野市観光協会
図27　金剛寺（金堂）
写真　金剛寺
図28　弘法大師二十五箇条御遺告
醍醐寺所蔵
図29『天長印信』
醍醐寺所蔵
図30　後醍醐天皇御影
清浄光寺所蔵

あとがき

とある日、法藏館編集部からメールをいただいた。「権力者と仏教」というシリーズを出版するという。ついてはなにか企画を考えるべし、との内容だった。これも二〇〇六年に出版していただいた『文観房弘真と美術』があっての御縁である。あれこれと思案し、数種類のテーマを提出したが、取り上げられたのが本書である。あとはどうも販売促進上不可ということでボツになったらしい。営業にならない企画を考えるのは得意であるが、それはどうも自慢すべきことではない。

後醍醐天皇に関する出版物は山ほどある。よくもわるくも注目される天皇の一人である。だいたい数ある天皇の肖像画を見てもヒゲを生やしている天皇も珍しい。なにを隠そう私もヒゲを生やしている。中学生の頃、イーグルスやドゥービー・ブラザースのレコードジャケットを見て、「なんて格好良いんだ、大人になったらヒゲを生やそう」そう決意したものだった。大学生になってヒゲを生やした。その当時はヒゲはそれほど一般的ではなかった。ちょこっと異形であった。しかし、昨今ではそれほどでもない。私が所属している美術史学会の会合ではやしていない方がマイナーな時もあるほどだ。時とともに風俗も移り変わるようである。

そこで、「なんで後醍醐天皇はあんな立派なヒゲを生やしているのだ？」という疑問がわいてくる。天皇の御影をざっとみてもあれほどのヒゲをたくわえている肖像もない。一昔前の一万円札の肖像。これは聖徳太子であった。厳密に言えば唐本御影だが、ヒゲを生やしている。聖徳太子の摂政像、これは完璧にヒゲがある。翻って僧侶の肖像をみてみる。一休や黄檗の隠元など戒律にかかわる無精ヒゲ的なものは別問題として、世俗的なヒゲはまったくみられない。頭も剃ってヒゲも剃る。これが聖なる姿のようである。

さてさて、昨今の大学では学力低下が叫ばれている。ゆとり教育の結果ともされ、テレビのニュースでもしばしば報道される。現場にいる大学教員はそれを実感していると思うが、私もその一人である。法藏館からは「史学科系の大学生に解るように書け」との厳命がくだった。はじめ解りやすいように書いたつもりだったが、最初の原稿には「難しすぎる」とのクレームがついて、書き直しとなった。そこで私のゼミの学生に概略を読んでもらい、理解しがたい語句などに赤字をいれてもらった。普段の日本美術史講義ではパワーポイントを用いて、紙芝居家に徹し、学生に理解され、なおかつ笑いをとってウケるように話しているつもりだが、反省しきりである。

法藏館との御縁は長い。『密教図像』や『戒律文化研究』などの学会雑誌でもしばしばお世話になっているし、真鍋俊照先生の『仏教美術と歴史文化』、頼富本宏先生の『マンダラの諸相と文化』での拙稿もある。

美術史を勉強する私には本書のテーマは少々荷が重い感もあるが、後醍醐天皇の本質ではないとしても、側面を描くことができたと思う。して、毎度のことではあるが、語句に統一のとれていない私の拙文を根気よく校正してくださった宮崎雅子氏と井上由美子氏、そして編集にたずさわった田中夕子氏には心より感謝申し上げます。まったく面目ない。それと編集長の戸城三千代氏。法藏館という由緒ある出版社の編集室で打ち合わせの折りでも緊張する私に、関西のノリで突っ込んでいただき、こころほぐれた。ホンマです。

最後に妻と三人の娘にも感謝。まぁいずこの父親も一緒だと思うが、日常は怠惰な私を叱責し、諌めてくれる有難い家族である。さて、大学に通う娘に「本が出たら、図書館に購入希望出しておいてよ！」と言うと、「わかった。友達にやってもらう」と。どうも父親の本は頼みにくいらしい。あとは妻にも注文をとってもらおう。これでは内田商店である。

二〇一〇年五月吉祥日

相州鎌倉道の傍屋にて

内田啓一

後醍醐天皇と密教　略年譜

○数字は閏月

西暦	年号	年齢	後醍醐天皇関係	周辺関係
1288	正応元年	1	11・2 尊治（後醍醐天皇）生まれる。	
1291	4年	4		12 亀山法皇、南禅寺創建。
1294	永仁2年	7		3 禅助、東寺一長者となる。 7・2 禅助、高野山衆徒の強訴により東寺法務・護持僧の職を辞退。
1298	6年	11		6・13 無学祖元、仏光禅師の諡号を賜る。 8・10 後宇多上皇皇子邦治親王（後二条）立太子。 8・22 道順、憲淳より伝法灌頂を受ける。
1303	嘉元元年	16	12・20 尊治（後醍醐天皇）元服、三品。	この年、亀山法皇、了遍より伝法灌頂を受ける。

1304	2年	17	3・7 尊治親王、太宰帥に任ぜられ、以後、帥宮と称される。	6・29 禅助、亀山法皇の御瘧病のため北斗法を修す。 7 後深草院没。
1305	3年	18		3・3 亀山法皇、了遍より伝法灌頂を受ける。 8・3 後宇多上皇、石清水護国寺で薬師経供養。 9・15 亀山法皇、崩御。
1306	徳治元年	19		7・2 東寺の真言七祖画像を万里小路仙洞で修理させる。 9・12 後宇多院、亀山院一周忌に嵯峨殿如来無量院で禅助より結縁灌頂を受ける。 10・16 真言七祖の修理了、東寺に返納。
1307	2年	20		7・26 後宇多上皇、禅助戒師で出家、法諱を金剛乗と称す。
1308	延慶元年	21		正・26 禅助、東寺で後宇多法皇に伝法灌頂を授ける。 正・27 後宇多法皇、禅助を東寺座主に補す。 2・22 後宇多法皇、憲淳に受法要請の書状を記す。 3・24 後宇多法皇、神護寺に参詣し、高雄曼荼羅の破損著しいことを見る。 4・14 憲淳、後宇多法皇に伝法灌頂を授け

西暦	和暦	年齢	事項	関連事項
1308	延慶元年	21	9・19 尊治親王立太子。	る。 6・20 後宇多法皇、空海真筆『灌頂暦名』を神護寺に納める。 8・1 再び神護寺に参詣し、曼荼羅の修復を命ず。 8 後二条天皇没。 8・23 憲淳没。 8・26 花園天皇践祚。
1309	2年	22		正・19 後宇多法皇、神護寺を修復。 正・19 後宇多法皇、高雄曼荼羅の修復完了を記す。 3・18 後宇多法皇、道順より許可灌頂を受ける。
1311	応長元年	24		3・30 後宇多法皇、神護寺に参籠する。 4・8 後宇多法皇、神護寺護摩堂にて護摩を修す。 12・26 花園天皇、円爾に聖一国師の諡号を賜る（※国師号は初）。
1312	正和元年	25	3・21 後醍醐（皇太子）万里小路にて道順より三宝院流の許可を受ける。	
1313	2年	26		正・22 性円、後宇多院より灌頂を受ける。 8・8 後宇多法皇、高野山奥の院に参籠する。 この年、後宇多法皇、弘法大師御影談義本尊

西暦	年号	年齢	事項	関連事項
				画像を東寺に施入する。
1315	4年	28		3・21 後宇多法皇、弘法大師伝を記す。
1317	文保元年	30		4・7 両皇統交互即位の議（文保の和議）。 9 伏見院没。
1318	2年	31	2・26 後醍醐天皇践祚する。 3・29 後醍醐天皇、太政官庁において即位する。	3・21 後宇多法皇、大覚寺殿で弘法大師御影供を修す。 5・25 亀山殿において後宇多法皇が仁王経法を修し、性円が護摩を担当する。
1319	元応元年	32	この年、後醍醐天皇、勧修寺慈尊院の栄海より印可を受ける。	正 道順、導師にて後七日御修法が修せられる。 4・5 後宇多法皇、東寺の仏舎利を請ずる。 5 夢窓疎石、鎌倉に入る。
1320	2年	33	9・21 空海真筆の遺告を高野山御影堂に納める。 この年、宗峰妙超を内裏に召す。	正・25 後宇多法皇、石清水八幡宮で結縁灌頂を修す。 7・16 無品性円法親王二品宣下。 7・22 道順、東寺長者となる。 8 『続千載和歌集』なる。
1321	元亨元年	34		4・5 道祐、道順より伝法灌頂を受ける。 4・11 後宇多法皇、大覚寺金堂を建立。 4 後宇多法皇、『御遺告二十五箇条』を宸書。

			12・9 定房・日野俊光関東から帰洛、院を廃し、後醍醐天皇親政をはじめる。	12・28 道順没。 この年、後宇多法皇、『大覚寺御手印御遺告』を著す。
1322	2年	35		3・21 東寺西院御影堂にて勧学会談義が始行される。
1323	3年	36	6・16 後醍醐天皇、日野俊基を蔵人に抜擢する。 7・2 後醍醐天皇、二条為藤に勅撰『続後拾遺和歌集』を下命する。 11・6 後醍醐天皇、参議日野資朝を鎌倉に派遣する。	
1324	正中元年	37	3・7 木造八字文殊菩薩像が造立される（般若寺）。 12・14 後醍醐天皇、東寺に仏舎利三十七粒を奉請する。 この年、大覚寺にて性円より結縁灌頂を受ける。	6・25 後宇多法皇没。 9 正中の変
1325	2年	38	7 後醍醐天皇、大徳寺を祈願所とする。 10 文観房弘真より印可と仁王経秘法を受ける。 この年、通翁鏡円、宗峰妙超を清涼殿に召して、南都北嶺の宗匠と宗論を行わせる。	7・30 高野山大塔にて後宇多法皇追善の大曼荼羅供が修される。 8 夢窓疎石、南禅寺住持となる。

1326	嘉暦元年	39	この年、春屋を南禅寺に請じたが応ぜず。 夏 弘真・円観とともに後醍醐天皇の中宮禧子皇子安産の祈禱を修す。	8 元僧、清拙正澄、来日。
1327	2年	40	10 仁寿殿にて両部伝法灌頂を弘真より受け、弘真を権僧正に任ず。	正 高時、清拙正澄を建長寺に迎える。 12・6 尊雲法親王（護良）天台座主となる。 この年、道祐が六条八幡若宮別当に補される。
1328	3年	41	1・22 東寺、仏舎利を献上、東寺相承の袈裟を勅封とする。 5・26 良観房忍性に忍性菩薩の号を下賜。	この年、義良（後村上天皇）生まれる。
1329	元徳元年	42	3・26 西大寺信空に慈真和尚号を下賜する。紫宸殿に明極楚俊を召し、仏日燄慧禅の号を下賜する。 6 仁和寺禅助に相談の手紙を記す。	2・11 尊雲法親王（護良）天台座主を辞す。 4・19、5・17、6・7 隆舜、報恩院流重宝返還を奉請する。 6・25 東寺に賊が入り犍陀穀子、鈴、五鈷杵、三鈷杵等が盗まれる。 7・2 東寺に入った賊、盗品を返却する。
1330	2年	43	3・8 東大寺・興福寺・春日社に参詣する。 3・26 日吉社に参詣。 3・27 延暦寺に参詣。 8・7 覚盛に大悲菩薩の号を下賜。 10・26 文観房弘真から瑜祇灌頂を授かる。 11・27 仁寿殿にて大覚寺性円より灌頂を受ける。	2・11 禅助、没。 2 自賛宗峰妙超画像（京都・妙心寺）。 2 高時、明極楚俊を建長寺住持とする。 11・11 隆舜、報恩院流重宝返還を吉田定房により奉請する。 11・23 弘真、仁寿殿にて皇太后に灌頂幷瑜祇灌頂を授ける。

1331	1332	1333
元弘元年	2年	3年
44	45	46
8・24 後醍醐天皇、神器を奉じて内裏を出る。 27 笠置に立て籠もる。 9・28 幕府軍、笠置を陥落し、後醍醐天皇、捕まる。 10・6 六波羅より神器を光厳天皇に渡す。	3・7 隠岐に流される。 4・2 隠岐に着、国分寺を行宮とする。 8・19 願文を出雲鰐淵寺に納める。 11 大塔宮護良親王（還俗）吉野に挙兵。	②・24 後醍醐天皇、隠岐を出て伯耆に行く。 4・9 浄土寺空教房心源に綸旨を発す。 5・7 足利尊氏、後醍醐天皇に応じ六波羅を滅ぼす。 5・23 後醍醐天皇、東還。 6・4 後醍醐天皇、東寺に着。 6・5 後醍醐天皇、隠岐より京都に還幸。 6・16 西大寺および諸国末寺の寺領を安堵する。 7 夢窓、後醍醐天皇に説法する。 10・25 観心寺蔵大師作不動明王像を禁中に要請する。 10・26 楠正成、観心寺瀧覚房に牒して二十八日、不動像を京に運ばせ、ともに上洛する。
8 元弘の乱		5・22 鎌倉幕府の崩壊。 6・10 足利尊氏経由にて瑞泉院に勅使を遣わし夢窓に南禅寺再住を要請する。 6・13 護良親王、入京、征夷大将軍となる。 7・30 夢窓疎石、勅により臨川寺を管領する。 10・1 大徳寺、五山に列せられる。 この年、道祐、醍醐寺第六十三代座主。

1334	建武元年	47	4・14 金剛峯寺に不断愛染王護摩供および長日談義を行わせる。 8・16 後醍醐天皇、高野山壇上伽藍に愛染堂を建立。 9 夢窓に対し、宮中に受衣し、南禅寺再住を要請するが断られる。 9・24 東寺塔を供養する。 12・3 南禅寺に寺領を寄進する。 この年、後醍醐天皇、『建武年中行事』を著す。	正・26 南禅寺を五山の第一とする。 4・1 道祐、醍醐寺報恩院で愛染王法を修し、日蝕を祈る。 6・25 後宇多院聖忌に曼荼羅供を大覚寺殿に修す。 10・10 疎石、南禅寺に入寺。 12・13 五壇法を宮中に修し、凶徒の平定を祈る。
1335	2年	48	5・18 後醍醐天皇『四天王寺御手印縁起』を書す。 ⑩・15 神護寺に行幸して灌頂を受ける。 ⑩・16 灌頂院にて具支灌頂一夜作法を授ける。 ⑩・16 高山寺に行幸する。 ⑩・23 清涼殿二間にて舎利を勘計する。 12・2 後醍醐天皇、『金剛峯寺根本縁起』に御手印奥書を賜う。 12・15 東寺の仏舎利二粒を河内金剛寺に奉じ、天下静謐を祈らせる。	2・29 性円、常磐井殿で中宮御産のため孔雀経法を修す。 3・15 弘真、東寺一長者となる。 3・21 弘真、御影供を行ず。 7 中先代の乱。 10・11 疎石、臨川寺の開山となる。 10・21 弘真、東寺講堂で百座仁王会を行ず。 ⑩・8 弘真、神護寺で仁王大法を結願する。 12・13 弘真、三衣幷鉢を東寺西院御影堂に施入する。
1336	延元元年	49	2・29 後醍醐天皇、延元と改元。 3・21 宮中にて仏舎利を勘計する。 5・27 後醍醐天皇、叡山に逃れる。	正・10 足利尊氏、京都に入る。 正・27 尊氏、丹後に敗走する。 3・21 弘真、大僧正に任ぜられる。 4 後伏見院没。 5・25 尊氏軍、湊川で大勝、楠木正成没。 5・29 尊氏、入京、光厳上皇を治天の君と

1336	延元元年	49	11・2 後醍醐天皇、光明天皇に神器を渡す。 12・21 後醍醐天皇、吉野に逃れる。南朝成立。道祐、吉野に参住す。 12・29 後醍醐天皇、願文を金剛峯寺に納める。	する。 6・3 光厳上皇、賢俊を権僧正とし、醍醐寺第六十五代座主とする。 6・21 光厳上皇、金剛峯寺の旧領を安堵し、天下の安全を祈らせる。 6・30 洛中合戦、名和長年没。 9・3 光厳上皇、隆舜に釈迦院・報恩院・大智院・蓮蔵院と同寺領を安堵する。 9・5 光厳上皇、賢俊に遍智院と同寺領を安堵する。 9・16 光厳上皇、成助を東寺一長者に補任す。 9・21 光厳上皇、疎石に夢窓国師号を安堵する。
1337	2年	50	3 頼宝より瑜祇灌頂を受ける。 4・30 南朝、河内観心寺を勅願寺とする。 9・21 勅により大毘盧遮那仏眼法を注進す。 11・1 南朝、勅により天野山金剛寺を勅願寺とする。 11・19 後醍醐天皇、逆徒討滅の綸旨を高野山に発す。	正・24 賢俊、東寺二長者に補される。 4・21 賢俊、『弘法大師二十五箇条遺告』を書写する。 7・24 尊氏、報恩院隆舜に伊豆走湯山密厳院別当職を管す。 この年前後、弘真、『金峯山秘伝』を後醍醐天皇修行のために記す。
1338	3年	51	2・14 勅により弘真が般若心経法を注進する。 4・14 弘真に『弘法大師二十五箇条御遺告』を相伝させる。	3・21 賢俊が三宝院で大師五百年遠忌導師となる。 5・15 北畠顕家、後醍醐天皇に親政批判「奏上」を呈する。 8・10 賢俊が六条八幡若宮別当職に補せられる。

				8・11 北朝、尊氏を征夷大将軍とする。 9 親房と義良親王、伊勢を発するが、義良、伊勢に戻る。 この年、足利尊氏、室町幕府を開く。
1339	4年	52	6・16 後醍醐天皇宸筆『天長印信』を記す。 8 頼宝より『即身成仏義』と『菩提心論』を講じられる。 8・15 後醍醐天皇退位。後村上天皇即位。 8・16 後醍醐天皇没。 9・21 弘真、後醍醐天皇の五七日仏事を行う。	1・25 弘真、再び醍醐寺座主となる。 3 義良親王、伊勢より吉野に戻り、立太子。 6・1 光厳上皇、備後浄土寺・肥前国東妙寺に塔婆を建立し、天下太平を祈願する。 6・2 南朝、金峯山寺に小野流を伝授し、精誠を致さす。 6・25 弘真、後宇多院の御国忌に曼荼羅導師を勤む。 6・26 弘真、東寺座主に補せられる。 7・6 足利尊氏、等持院を創建する。 9 北畠親房、『神皇正統記』を著す。 10・5 足利尊氏・直義の奏請により、光厳上皇が後醍醐天皇の追善のため、暦応寺（天龍寺）を開く。 11・25 北朝、後醍醐天皇崩御により豊明節会を停止。 11・26 足利尊氏、後醍醐天皇の百箇日にあたり冥福を等持院と南禅寺に祈る。

内田啓一（うちだ　けいいち）

1960年横浜市に生まれる。神奈川県立横浜翠嵐高校卒。早稲田大学大学院博士課程修了。博士（文学）。町田市立国際版画美術館学芸員を経て、昭和女子大学歴史文化学科教授。主な著書に『文観房弘真と美術』（法藏館）、『江戸の出版事情』（青幻舎）、監修として『密教の美術』『浄土の美術』（ともに東京美術）など。

シリーズ　権力者と仏教2
後醍醐天皇と密教

二〇一〇年七月一五日　初版第一刷発行

著　者　内田啓一
発行者　西村明高
発行所　株式会社　法藏館
京都市下京区正面通烏丸東入
郵便番号　六〇〇-八一五三
電話　〇七五-三四三-〇〇三〇（編集）
〇七五-三四三-五六五六（営業）

装幀者　山崎　登
印刷・製本　亜細亜印刷株式会社

ISBN 978-4-8318-7584-6 C1321